Karsten Wagner

BERUFUNG – ZURÜCK ZUR HERRLICHKEIT GOTTES

Karsten Wagner

Berufung –
Zurück zur Herrlichkeit Gottes

IGNIS-Akademie für Christliche Psychologie

2. Auflage

IGNIS-Edition

IGNIS-Akademie für Christliche Psychologie
Kanzler-Stürtzel-Straße 2, D-97318 Kitzingen, 2005
www.IGNIS.de

Satz & Druck: Schönbach-Druck GmbH, D-64390 Erzhausen

Titelbild: Karsten Wagner

ISBN: 3-933685-09-5

Stimmen zum Buch

„Dieses Buch handelt von Marionetten und Rebellen, von Bettlern und Königskindern, von Versuchungen und Versagen, von Herrschaft und Liebe, vom ‚Sein' und vom ‚Tun'. Vor allem aber handelt es vom menschlichen Herzen und dessen Sehnsucht nach Freiheit und sinnvollem Leben. Welche Zusammenhänge da bestehen und was auf dem Berufungsweg förderlich und hinderlich sein kann, beschreibt Karsten Wagner anschaulich und kompetent. ‚Achten Sie mal darauf, wobei Ihr Herz aufgeht', ist eine Empfehlung, die vielleicht überrascht. Mit viel Einfühlungsvermögen und Einsicht in die menschliche Seele schildert der Autor Grundlegendes für innere und äußere Wegabschnitte und gibt konkrete Entscheidungshilfen.
Ein Mut machendes, ansprechend geschriebenes Buch, an dem mir besonders der Weitblick und Tiefgang gefallen hat, und das ich nur empfehlen kann."

Angelika Sakals, Jugend mit einer Mission

„Berufung ist das, was Gott *für* uns möchte" ist die erste überraschende Kernaussage von Karsten Wagner. In seinem Buch ‚Berufung, zurück zur Herrlichkeit Gottes' geht er sehr systematisch und zugleich sehr persönlich der Frage nach unserer Berufung nach.
Immer geht es mehr um unser Sein als um unser Tun. Er verarbeitet sowohl das reiche Wissen aus den Ignatianischen Exerzitien, als auch die Ergebnisse der Christlichen Psychologie und Erfahrungen aus dem Umgang mit den Gaben des Heiligen Geistes, den Charismen.
Ein erhellendes Buch auch für die eigene Lebensführung, das man mit Staunen und großem Gewinn für sich selbst liest und das auch dem erfahrenen Seelsorger noch viel Neues erschließt."

Friedrich Aschoff, Geistliche Gemeindeerneuerung
in der evangelischen Kirche

„Mich packt dieses Buch, und ich bin sicher, das wird noch vielen anderen so ergehen! Es fordert gesund heraus, nimmt gleichzeitig viel Druck weg und ist sehr praxisnah. Herzlichen Dank!"

Bruno Guntelach, Takano Fachstelle EMK, Olten/Schweiz

All jenen,
die die verlorene Herrlichkeit suchen
und Sehnsucht
nach ihrem königlichen Erbe haben

Inhaltsverzeichnis

Einleitung

Die Tage unserer Jahre sind siebzig Jahre, und, wenn in Kraft, achtzig Jahre, und ihr Stolz ist Mühe und Nichtigkeit, denn schnell eilt es vorüber, und wir fliegen dahin. So lehre <uns> denn zählen unsere Tage, damit wir ein weises Herz erlangen!“ (Ps 90,10.12).

Gottes Berufung anzutreten bedeutet eigentlich nicht mehr und nicht weniger, als eines der kostbarsten, aber auch unscheinbarsten Güter, die wir erhalten haben, im Sinne Gottes zu gestalten: unsere Zeit!
Ich erinnere mich gern an meinen Großvater. Er war hoch betagt und spürte, dass sein Leben langsam zu Ende gehen würde. Ich saß in seinen letzten Jahren gern mit ihm zusammen, während er einzelne Abschnitte des Weges, den er gegangen war, noch einmal innerlich an sich vorübergleiten ließ. Und jedes Mal kam ich in Berührung mit der Unwiederbringlichkeit unserer Zeit …
Wir bewegen uns durch die Zeit, als säßen wir in einem Zug, der sich nicht anhalten lässt und auch nicht zurückfahren kann – der sich nicht einmal beschleunigen oder verlangsamen lässt, bis wir durch den letzten Tunnel fahren und die letzte Haltestelle erreichen: die Ewigkeit.
Oft wird uns erst im Angesicht des Endes bewusst, dass wir nur dieses eine Leben – *„wenn in Kraft, achtzig Jahre“* – von Gott verliehen bekommen haben. Dieses Leben, ja, jeder Tag, jede Stunde, jeder Augenblick, ist einmalig und wird – zum Guten wie zum Bösen – nie wieder zurückkommen.
Je seltener eine Substanz ist, desto kostbarer ist sie. Aus der Perspektive der Ewigkeit ist unsere Zeit auf dieser Erde unglaublich kurz – und damit unglaublich kostbar!
Der Psalmist bittet Gott daher, uns zu lehren, unsere Tage zu zählen, um weise zu werden.

Und der Zeit wird die Aufforderung mitgegeben, sie „auszukaufen“:
„Seht nun genau zu, wie ihr wandelt, nicht als Unweise, sondern als Weise. Kauft die gelegene Zeit aus …“ (Eph 5,15f).

Was bedeutet es nun aber, die Zeit auszukaufen? Führt uns diese Herausforderung in möglichst viele Aktivitäten hinein? Hat sie etwas mit unüberwindlichen Bergen von Arbeit zu tun?
Ich glaube nicht. Betrachten wir unsere Reise in der Zeit näher, so werden wir feststellen, dass es immer nur *einen einzigen* Augenblick gibt, in dem wir irgendetwas entscheiden, verändern oder bewegen können; es gibt auch nur einen einzigen Augenblick, in dem wir mit Gott Gemeinschaft haben, ihn anbeten und Sein Reich bauen können. Es gibt nur einen Augenblick der Vollmacht! Dieser Augenblick ist weder gestern noch morgen, weder vorhin noch nachher – er ist JETZT!
Das Jetzt der Gegenwart ist dieser winzige Punkt, an dem die Vergangenheit und die Zukunft „zusammenstoßen“. In jedem Moment unseres Lebens ist die Vergangenheit schon vorbei und die Zukunft ist noch nicht da: Beide sind unserem Zugriff entzogen. In dem einen Moment existieren wir nicht mehr, in dem anderen noch nicht.
Das Erstaunliche ist nun, dass die meisten Menschen – obwohl sie im Jetzt existieren – dennoch nicht im Jetzt leben. Sie werden systematisch aus diesem jeweiligen Augenblick des Lebens herausgezogen – hinein in die Vergangenheit oder in die Zukunft.
Durch Schuldgefühle und Anklage werden sie in der Vergangenheit gebunden und durch Sorgen und Ängste in der Zukunft, mit dem Erfolg, dass sie um das Jetzt, den einzigen Augenblick des Lebens und der Autorität, betrogen werden.
Die Zeit auszukaufen bedeutet also zunächst, im jeweiligen Augenblick zu leben, das Hier und Jetzt gleichsam zu „umarmen“.
Wir tun immer dann das Gegenteil, wenn wir uns innerlich auf die Kampfschauplätze alter Niederlagen begeben und längst vergangene Kämpfe innerlich durchspielen. Oder wenn wir uns selbst einmal wieder etwas voraus sind und arbeiten, aber dabei an unsere Freizeit denken, oder frei haben, aber innerlich be-

reits wieder bei der Arbeit sind. Schuldgefühle und Sorgen gehören zu den stärksten Fesseln des Feindes.
Die Zeit auszukaufen bedeutet zunächst also, das, was wir gerade tun, richtig zu tun – mit ganzem Herzen: Ob es arbeiten oder faulenzen, einem Hobby nachgehen, beten, mit jemandem eine Tasse Kaffee trinken, Musik hören oder etwas lernen ist …

Ich möchte an dieser Stelle jedoch einem Missverständnis vorbeugen: Es geht hier um das Ergreifen des Augenblicks – nicht aber gegen Planung. Der Unterschied zwischen Sorgen und Planen besteht darin, dass wir beim Sorgen den Boden unter den Füßen verlieren und im Kreisen um die Zukunft gefangen genommen werden. Sorgen macht ohnmächtig und beraubt. Planen hat demgegenüber etwas mit Herrschaft über die Zukunft zu tun; es meint die aktive Auseinandersetzung mit den möglichen Gegebenheiten der Zukunft im Hier und Jetzt.
Im Grunde genommen gibt Gott uns die besten Voraussetzungen dafür, um das Leben im Hier und Jetzt zu ergreifen. Denn mit Jesus schenkt Er Vergebung – und damit Freiheit von den Anklagen der Vergangenheit – und durch Seine Fürsorge Freiheit gegenüber den Sorgen der Zukunft. Er bietet uns damit den Schlüssel zu einem Leben im Zentrum des Augenblicks an.

Wir müssen allerdings auch feststellen, dass uns die Konfrontation mit dem Hier und Jetzt einen Preis kosten mag: Besonders wenn die Wegstrecken langweilig, leer, schmerzhaft oder Furcht einflößend scheinen, ist es wesentlich angenehmer, diese Abschnitte einfach innerlich zu umgehen. Vieles kann uns als Tür dienen, um den Zug unseres Lebens streckenweise zu verlassen: Tagträume, die Bemühungen der Unterhaltungsindustrie, Alkohol und eigentlich alle anderen Substanzen oder Tätigkeiten, die uns helfen, aus dem Hier und Jetzt „auszusteigen".
Natürlich geht uns mit jedem Ausstieg aus dem Leid auch die Empfänglichkeit für die Schönheit und die Schätze verloren, die wir hätten finden können, wenn wir präsent geblieben wären. Wir fangen an, verschiedene Wegstrecken innerlich zu „verschlafen". Wir werden Stück für Stück um unsere Lebenszeit gebracht und geraten mehr und mehr in einen Schlaf, der dem Tod ähnelt.

Wo das geschieht, brauchen wir „Erweckung“. Wir brauchen Gottes Liebe, die uns berührt und weckt und aus diesem Schlaf des Todes neu ins Leben führt. Und mit jeder Berührung, mit jedem Wort werden wir ein wenig wacher und mutiger und lebendiger.

Ich bin jahrelang mehrmals am Tag den gleichen Weg zur Arbeit gegangen, bis ich diesen Weg gar nicht mehr wahrnahm. Ich war innerlich ganz woanders. Eines Tages, als ich ihn wieder ging, wurde mir plötzlich bewusst: „So, wie in diesem Augenblick – mit diesen Menschen um mich herum, mit diesen Gedanken im Kopf – werde ich ihn nie wieder gehen! Nie wieder!“
Es war wie ein innerliches Aufwachen. Diese altvertraute, langweilige Wegstrecke wurde schlagartig unwiederbringlich und einzigartig. Ich sah mich um und entdeckte auf einmal so viel Ungewohntes und Neues, als wäre ich vorher noch nie dort entlanggekommen.

Auch dieser Augenblick Ihres Lebens, in dem Sie gerade diese Worte dieses Buches lesen, ist bereits mit der nächsten Sekunde unwiederbringlich vorbei. Sie können dieselben Worte unter ähnlichen Umständen noch hundertmal lesen, aber niemals wieder mit diesen Gefühlen und Gedanken wie gerade jetzt in diesem Augenblick. Sie werden morgen bereits ein anderer sein.
Möge uns das Bewusstsein für diese Unwiederbringlichkeit in den schweren Zeiten trösten und uns helfen, die schönen Momente mit ganzem Herzen zu genießen!

Innerliches Aufwachen ist der erste Schritt auf das Ziel hin, die eigene Zeit auszukaufen. Gleichzeitig werden wir feststellen, dass dieses Gut zu wertvoll ist, um es für etwas herzugeben, was uns nicht tatsächlich wichtig ist.
Stellen Sie sich vor, Sie würden nur noch einen Monat auf dieser Erde verbringen dürfen: Was würden Sie tun? Was wäre Ihnen so wichtig, dass Sie diese kurze Zeit dafür eintauschen würden?

Unsere Zeit auszukaufen bedeutet, sie nur für das herzugeben, was tatsächlich Leben bringt. Das ist weder allein bei Arbeit noch bei Spaß der Fall. Häufig ändern sich die Prioritäten von Menschen, die dem Tod begegnet sind, drastisch, denn sie haben ganz neu gemerkt, was ihnen wirklich wichtig ist und was nicht.
Darum werden wir aufgefordert, unsere Tage vom Blick auf das Ende her zu betrachten, um *„ein weises Herz* [zu] *erlangen"*.

„Der Blick auf den Tod soll (...) sicherstellen, »daß wir auch am Ende noch zu dem stehen können, was wir jetzt in unseren Entscheidungen einfädeln; daß uns am Schluß unseres Lebens mehr bleibt als der bedrückende Schmerz, nicht das aus unserem Leben gemacht zu haben, was wir mit Gottes Hilfe hätten tun können. Solche späte Reue soll, soweit das möglich ist, verhindert werden, damit wir in der Stunde des Todes ‚voller Freude' [wie Ignatius sagt] zu dem ja sagen können, was wir geworden sind. Ohne Trauer und ohne Gram! Daß derjenige, der wir dann geworden sind, nicht ewig traurig den grüßen muß, der wir hätten werden sollen (...)«" (Greshake S. 116).

Um dieser späten Reue vorzubeugen, kann es bei der Gestaltung dieser meiner siebzig oder achtzig Jahre keine wichtigere Frage geben als die, was Gott auf dieser Wegstrecke für mich vorbereitet hat – die Frage nach meiner Berufung!

1. Was ist Berufung?

Dieses Buch wurde aus dem Anliegen geboren, all jene zu ermutigen und zu unterstützen, die Sehnsucht nach Gottes Berufung haben.
Dabei stellt sich als Erstes die Frage, was wir eigentlich suchen, wenn wir nach „unserer Berufung" suchen.
Viele Menschen glauben, ihre Berufung wäre Gottes Antwort auf die Frage: „Herr, was soll ich tun?" Sie suchen einen Auftrag. Sie erwarten eine Handlungsanweisung. Und sie denken, Berufung wäre etwas, was Gott *von* ihnen möchte. Dabei ist es eigentlich zunächst das Gegenteil: Berufung ist das, was Gott *für* uns möchte – unser Erbe!
Um das Ausmaß von Berufung besser verstehen zu können, möchte ich Ihnen eine Geschichte erzählen, die mir im Herbst 1996 in einer Gebetszeit über 2 Kor 5,17 in den Sinn kam und die ich vorher so noch nie gehört hatte. Ich habe sie „die Geschichte vom bettelnden Königssohn" genannt.

Die Geschichte vom bettelnden Königssohn

Es war einmal ein großer König. Er lebte in Pracht und Herrlichkeit und er hatte alles bis auf eins: Er und seine Gemahlin wünschten sich ein Kind. Nach langem Warten wurde ihnen schließlich ein Sohn geboren, ein Baby, das ein Feuermal am Arm trug. Und die Freude über seine Geburt war groß, aber auch die Trauer, denn das Baby ging kurz darauf verloren.
Wir wissen nicht genau, wie sich das zutrug. Vielleicht war die königliche Familie auf einer Reise und fuhr in einer Winternacht mit dem Schlitten durch einen verschneiten Wald. Vielleicht fuhr der königliche Schlitten über eine verborgene Baumwurzel und kippte in eine große Schneewehe. Jedenfalls ritten die Diener auf ihren Pferden mit ihren Fackeln schnellstens

herbei und brachten den ohnmächtigen König und seine Gemahlin in das nächste Dorf.
Als der König sein Bewusstsein wiedererlangte, war seine erste Frage die nach seinem Sohn: „Wie geht es dem Baby?"
Da zeigte es sich, dass die Diener in dem Durcheinander geglaubt hatten, der jeweils andere hätte das Baby geborgen – und auf diese Weise hatten sie es vergessen.
Und so schickte der König seine Diener sofort zurück zur Unfallstelle, aber als sie dort ankamen, fanden sie das Baby nicht mehr.
Denn in der Zwischenzeit war eine Horde von Bettlern und Dieben vorbeigekommen. Sie hatten ein klägliches Wimmern und Schreien gehört und das Baby aus der Schneewehe gezogen. Sie sahen die prächtigen Kleider und die kostbaren Stoffe, die das Baby trug, mit den Insignien eines hohen Herren, aber da sie nicht lesen konnten, sondern hungrig waren und froren, nahmen sie das Kind und verkauften seine Kleidung und ernährten sich von dem Erlös.
Als die Diener unverrichteter Dinge zurückkehrten, war der König außer sich vor Sorge und Schmerz. Und er schickte von diesem Tag an seine Boten durch das ganze Land und über die Grenzen hinaus; und auch er selbst machte sich auf, kleidete sich in Lumpen und zog lange unerkannt auf staubigen Landstraßen umher, um ein Baby, einen Jungen, einen Mann mit einem Feuermal am Arm zu suchen – seinen Sohn.
Wir kennen nicht die genaue Zahl der Tage, Monate oder Jahre, die das Kind unter den Bettlern lebte, aber es wuchs in Schmutz und in Lumpen, unter Ratten und Flöhen auf, und es lernte zu fluchen, zu lügen und zu betrügen, es lernte zu betteln und auch zu stehlen. So lebte es als ein Bettler und Dieb unter Bettlern und Dieben – bis zu jenem denkwürdigen Tag, als die Boten des Königs es fanden.
Und auch hier sind uns die genauen Umstände nicht bekannt. Gerüchten zufolge war der Junge zum zweiten Mal beim Stehlen erwischt worden und hatte bereits den Strick um den Hals, um auf dem Marktplatz gehängt zu werden. Da trafen die königlichen Boten ein und erkannten das Feuermal auf dem entblößten Arm des Bettlers.

Sie schritten sofort ein und sagten: „Im Namen des Königs, halt! Ihr wisst überhaupt nicht, wen ihr hier vor euch habt! Dies ist nicht irgendjemand – dies ist der Sohn des Königs, der zukünftige Regent dieses Landes! Tut ihm nichts!"
Und sie nahmen ihm den Strick vom Hals, setzten ihn in eine prächtige Kutsche und fuhren mit ihm zum Schloss des Königs.
Der Bettlerjunge war froh, dieser Gefahr entronnen zu sein, aber als die Boten ihm die frohe Botschaft überbrachten, er sei der verlorene und lang gesuchte Sohn des Königs, hielt er es für einen grausamen Scherz. Seine Verwirrung wuchs, als er, im Schloss angekommen, vom König und seiner Gemahlin in all ihrer Pracht und Majestät überglücklich in die Arme geschlossen wurde, und der Verdacht keimte in ihm auf, dass es sich um eine entsetzliche Verwechslung handeln müsse.
In diesem Augenblick fiel sein Blick auch noch in einen der großen Wandspiegel, und alles, was er darin sah, schien mehr denn je ein Hohn zu sein: eine gebückte und zerzauste Gestalt mit wirren und verdreckten Haaren, in Lumpen gekleidet, unangenehm riechend, verlaust und in unterwürfiger Haltung. Er sah alles, aber keinen Königssohn.

Wir können uns vorstellen, dass er in der ersten Nacht versucht haben könnte, das Schloss durch sein Fenster zu verlassen und zu fliehen, dass er gewohnheitsmäßig einige Dinge „mitgehen" ließ und sich dabei komischerweise selbst bestahl. Es wäre auch kein Wunder, wenn er noch einige Zeit unter heimlicher Todesfurcht zu leiden hätte, wenn er sich in seinen neuen Kleidern absolut lächerlich fühlen würde und immer wieder eine große Abneigung gegen die Badewanne überwinden müsste …
Ohne die Herausforderungen und Umstände hier näher auszumalen, wird vielleicht deutlich, was auf den jungen Bettler in den nächsten Wochen, Monaten und Jahren zukommt: ein Kampf um seine Identität – ein Kampf um die Wahrheit. Er muss der werden, der er wirklich ist: der Sohn des Königs, der zukünftige Regent des Landes!
Wir begegnen in diesem Kampf auf der einen Seite den Kräften der Lüge. Sie verbünden sich mit verschiedenen Dingen – zum Beispiel der Vergangenheit: die Lüge benutzt immer wieder die

Erinnerungen an die Jahre oder Jahrzehnte des Bettlerlebens, des Betrügens und Stehlens, um dem Königssohn deutlich zu machen, er sei nichts anderes als ein Bettler und Dieb.
Auch das aktuelle Fehlverhalten des Thronerben dient ihr: immer wenn er mal wieder flucht oder klaut oder sich am Tisch unappetitlich verhält, leiht dieses Verhalten der Lüge seine Stimme und sagt: „Du kannst dich noch so anstrengen, du kannst dich noch so sehr bemühen, du bist und bleibst ein Bettler und Dieb!"
Und wenn der Königssohn das Schloss verlässt und in den dunklen Winkeln und Gassen seine ehemaligen Kumpane erblickt, sieht er in ihren höhnischen Gesichtern nur eine Botschaft: „Du kannst dich noch so sehr verkleiden, du wirst immer einer von uns sein und bleiben!"
Auf der anderen Seite stehen die Stimmen der Wahrheit. Die königlichen Diener gehören dazu: sie haben die Aufgabe, ihm beizubringen, wer er wirklich ist.
Aber die wichtigste Stimme ist die des Königs selbst. Immer wenn der Sohn sich so gar nicht königlich verhalten hat, immer wenn die Zweifel in seinem Herzen aufkeimen, immer dann, wenn er anfängt zu vergessen, wer er ist, und vor allem dann, wenn er Angst vor der Begegnung mit dem König bekommt – *dann* ist es besonders wichtig, genau *das* zu tun: in den Thronsaal zu gehen und mit dem König zu sprechen.
Und egal, was er getan hatte, immer wenn der Vater ihn sah, leuchtete sein Gesicht vor Freude und er zog ihn zu sich heran auf den Thron. Und oft sagte der Königssohn: „Vater, ich habe es schon wieder vergessen, wer ich bin, und ich habe mich überhaupt nicht königlich verhalten – bitte sag' mir doch noch mal, wer ich bin!"
Und so sagte es ihm der Vater wieder neu.

Es ist wichtig, dass die Wahrheit sich durchsetzt, denn vom Verlauf dieses Kampfes wird abhängen, inwieweit er in der Lage sein wird, sein königliches Erbe und die Herrschaft über das Land anzutreten, denn als Bettler und Dieb wird er es nicht können.
Aber es gibt eine Entscheidung, die er zugunsten der Wahrheit treffen kann: „Die Worte des Königs haben Vorfahrt! Er weiß

besser über mich Bescheid als irgendjemand sonst – besser als ich selbst. Der Vater hat immer Recht!"
Dieses Bündnis mit der Wahrheit wird ihm helfen. Und je mehr er lernt, auf die Stimme seines Vaters zu hören, desto eher wird er anfangen, tatsächlich wie der Erbe des Reiches zu denken, sich so zu fühlen und sich seiner königlichen Natur entsprechend zu verhalten.

Diese Geschichte beschreibt das Schlachtfeld, auf dem jeder Sohn und jede Tochter des königlichen Vaters im Himmel steht: Sie müssen in ihr Erbe in Christus hineinwachsen – in ihre Berufung! Es ist ein Erbe, das schon voll da, in vieler Hinsicht aber noch nicht sichtbar ist.
Ich möchte, dass Sie anhand dieser Geschichte sehen, dass es im Reich Gottes um viel mehr geht als um unser Tun oder Verhalten.
Und es geht auch bei Ihrer Berufung um viel mehr; es geht um die königliche Gemeinschaft, um ein neues Sein und um die einhergehenden Werke.
Mit diesen drei Aspekten von Berufung werden wir uns im Folgenden auseinandersetzen.

a) Berufung in die königliche Gemeinschaft

Berufung beginnt damit, dass Gott ruft. Und was ruft Er? So einfach das auch klingen mag: Er ruft Worte. Der „Stoff", aus dem Berufung gemacht ist, sind Worte Gottes, die er in das Leben eines Menschen hineinschickt.
Eine der besonderen Eigenschaften dieser lebendigen Worte besteht darin, immer an den Ort zurückzukehren, von dem sie ausgegangen sind – zum Vater (vgl. Jes 55,11). Und deshalb werden wir durch Gottes Ruf auch immer zuerst zu Ihm gezogen.

Diese Dynamik zeigt sich auch in der Bedeutung und Verwendung des Berufungsbegriffs im griechischen Urtext: dort stößt man auf Worte, die mit dem Verb καλεο [kaleo] identisch oder verwandt sind. Die Grundbedeutung dieses Begriffes ist einfach „rufen".

Man kann jemanden jedoch mit ganz unterschiedlicher Absicht rufen: damit er sich mehr Mühe gibt, sich beeilt, einem aus dem Weg geht oder um ihn zu bestrafen. Aber wenn Gott im Sinne von καλεο [kaleo] ruft, dann ist es ein „Herbeirufen". Es … *„bezeichnet – im Gegensatz zu (…) antreiben, befehlen – das direkte oder vermittelte Ansprechen eines anderen mit dem Ziel, diesen in größere Nähe zu sich zu bringen, sei es körperlich oder hinsichtlich des persönlichen Verhältnisses"* (Coenen S. 86).

Wenn wir uns auf Gottes Berufung einlassen, werden wir also zu Gott selbst gezogen, und einer unserer ersten Schritte besteht normalerweise in dem, was wir „Bekehrung" nennen: Wir nehmen Gottes Einladung an, wieder nach Hause zu kommen, und geben Gott unser Leben zurück – das alte Leben eines Bettlers und Diebes.
Wir kehren auf diesem Weg zurück unter die Herrschaft und die Liebe Gottes.

Die Herrschaft und die Liebe

Wenn wir Gott unser Leben geben, ist es, als würden wir Ihm einen Sack aushändigen, in dem alles drin ist – unser ganzes Leben! Und Gott nimmt diesen Sack voller Freude und sehr behutsam, öffnet ihn und holt Stück für Stück die Inhalte heraus; zum Beispiel unsere Brieftasche oder unseren Erfolg oder die Beziehungen zu anderen Menschen. Und dann ist es, als würde Er sagen: „Schau mal, was ich gefunden habe. Warst du dir sicher, als du mir dein Leben gabst, dass ich dies auch haben darf?"
Und dann fangen wir häufig an, neu zu überlegen und sagen vielleicht: „Also, diese Sache, die ist so kaputt, so aussichtslos, die kannst Du gerne haben. Aber 90 Prozent des Geldes und diese ein oder zwei kostbaren Beziehungen, die hätte ich gern noch eine Weile zurück!"
Und wir halten diese Dinge fest, bis wir Vertrauen gewonnen haben, dass Gott mit den Schätzen unseres Lebens besser umgehen kann als wir.

Aber in der Zwischenzeit stecken wir in einem Kampf um das Vertrauen – einem Kampf mit Gott selbst. Wir sind dabei nicht Seine größten Verbündeten, sondern zunächst Seine größten Gegner.
Gott stellt sich diesem Kampf mit großer Sanftmut, großer Radikalität und großer Eifersucht (vgl. 2 Mo 20,5).
Dies ist kein Kampf gegen, sondern *für* uns. Denn dort, wo wir uns Gottes Herrschaft unterwerfen, kann Er uns endlich berühren, heilen, wiederherstellen – er kann uns endlich dienen! Das ist Sein eigentliches Ziel.

Häufig erlebe ich bei der Begleitung von Menschen, die auf der Suche nach ihrer Berufung sind, dass sie eine große Bereitschaft haben, Gott ihre Hände und Füße anzubieten. Sie sagen zu Ihm: „Sag mir, wohin ich gehen und was ich machen soll, ich werde es tun!“ Aber ich habe auch immer wieder erlebt, dass Gott den Finger auf etwas anderes gelegt hat: auf ihr Herz! „Gib es mir!“ (vgl. Spr 23,26).
Unser Herz ist der Ort, aus dem unser Leben fließt, aber auch der Ort, an dem wir die meisten Wunden empfangen haben. Ein Ort, der rebellisch und dunkel ist. Und dort wollen wir nie wieder berührt werden, weil es nichts gibt, was mehr wehtun würde. Gleichzeitig fühlen wir uns in den verwundeten und zerstörten Bereichen auch am unattraktivsten und mögen uns häufig selbst nicht; deshalb fällt es uns auch schwer zu glauben, dass jemand anders uns dort mögen könnte.
Und so schützen und verstecken wir die Bereiche unseres Herzens am sorgfältigsten, die eigentlich am dringendsten eine heilsame Berührung und echte Liebe bräuchten.
Adam und Eva verbargen sich in Eden hinter Feigenblättern. Und bis heute versteckt sich die Menschheit hinter allem, was ihr über den Weg läuft: hinter Leistung, Erfolg oder Erkenntnissen, hinter frommem Verhalten, hinter anderen Menschen, ja selbst hinter Versagen kann man sich verbergen. Wir nennen das dann „Image“.
So lustig dieses Spiel von außen manchmal aussehen mag, so traurig ist es gleichzeitig, denn dabei geht das Wichtigste verloren: die Berührung mit uns selbst!

Und genau dort, wo wir es am meisten bräuchten und gleichzeitig zutiefst fürchten, sagt Gott: komm zu mir!

Wir reagieren dann häufig wie Petrus, als Jesus vor ihm steht, um ihm seine Füße zu waschen (vgl. Jh 13,3-8): wir weigern uns.
Zur damaligen Zeit waren die Füße häufig dem Schlamm und Kot der Straßen ausgesetzt und gehörten nach einem langen Fußmarsch zu den bei weitem unattraktivsten Teilen des Körpers. Und so können wir die Reaktion von Petrus sicherlich nachvollziehen: er war bereit, alles zu tun, aber nicht, sich Jesus in diesem Bereich zuzumuten. Daraufhin sagt Jesus etwas sehr Ernstes zu ihm: „Wenn ich dich nicht wasche, so hast du keinen Teil mit mir!“ (V. 8)

Wissen Sie, die größten und tiefsten Dienste entstehen nicht in erster Linie dort, wo Menschen sich entschließen, Gott zu dienen. Sie entstehen dort, wo sie zulassen, dass Gott *ihnen* dient! Diese Berührung hinterlässt Spuren, mit denen andere Menschen in Berührung kommen, ob wir wollen oder nicht.
Und so müssen aus guten Dienern oft erst einmal wieder Kinder werden, die zum Herzen des Vaters nach Hause kommen und zulassen, dass dieser Vater ihnen Gutes tut. Denn das ist die Reihenfolge im Reich Gottes: erst kommt Kindschaft und dann kommt Dienst!
Und so suchen viele, die sich nach ihrer Berufung ausstrecken, einen Auftrag – und finden ein Zuhause.
Intuitiv merken wir vielleicht, dass dieser Weg viel schöner ist, aber manchmal auch viel schwerer scheint. Er braucht nicht unsere Leistung, sondern unser Vertrauen.

Dennoch denken Menschen häufig, Gott wäre mehr an dem interessiert, was sie Ihm bringen, als an ihnen selbst. Aber das stimmt nicht. Gottes Ruf gilt weder ihren Fähigkeiten noch ihrer Leistung, sondern ihnen selbst. Er ist nicht so sehr an dem interessiert, was wir mitbringen, solange wir nur selbst kommen.
Gott misst unserer Leistung viel weniger Bedeutung bei, als wir das häufig tun. Er sucht keine Arbeitsbeziehungen, sondern Freundschaften.

Aus diesem Grund hat Er Seinen gesamten Willen – das Gesetz und die Propheten und alles, was Ihm jemals wichtig war – zusammengefasst in dem einen Gebot: *„Du sollst den Herrn, deinen Gott, lieben aus deinem ganzen Herzen und mit deiner ganzen Seele und mit deiner ganzen Kraft und mit deinem ganzen Verstand und deinen Nächsten wie dich selbst“* (Lk 10,27).

Das Herzstück von Berufung

Mit diesem Gebot sind wir beim Herzstück von Berufung angelangt: der Liebe!

Die Liebe ist die Erste unter den Schönen.
Sie ist die Reinste und die Herrlichste.
Liebe ist heilig und unbestechlich,
sie kann nicht erkauft werden.
Sie verliert uns niemals,
sie ist ewig!
Liebe hat keine Ambitionen,
sie deckt unsere Wunden zu,
sie verführt uns nie,
sie gibt uns frei.
Liebe überwindet alles …

Je mehr wir in der königlichen Gemeinschaft diese Liebe Gottes geschmeckt haben, desto mehr werden wir davon geprägt, und sie fängt an, aus uns herauszufließen (vgl. 1 Jh 4,19) – zum Nächsten. Denn Gottes Berufung stellt uns nicht nur in die Gemeinschaft mit Christus, sondern auch in die Gemeinschaft mit den anderen Gliedern Seines Leibes.
Wir finden im 1. Korintherbrief Kapitel 12 eine Beschreibung der Charismen, der Aufgaben und Dienste des Leibes Christi in ihrem ganzen Reichtum und ihrer Vielfältigkeit. Aber im letzten Vers verweist Paulus auf *„einen Weg, noch weit darüber hinaus“* (V. 31). Damit leitet er Kapitel 13 ein – das Kapitel über die Liebe! Und er zählt vieles von dem auf, was er in Kapitel 12 angepriesen hat, und macht deutlich, dass von diesem Reichtum *nichts* übrig bleibt, ohne die Liebe!

Liebe wird bezeichnet als stark wie der Tod (vgl. Hl 8,6). Der Tod gehört zu den schrecklichsten Kräften, denen wir je begegnen werden: wo immer er auch vorbei kommt – blühendes Leben, Gemeinschaft und Lachen, grünes Gras – alles wird einfach ausgelöscht!

Die gleiche gewaltige Kraft wird der Liebe zugemessen – allerdings nicht zum Tod, sondern zum Leben! Stellen Sie sich bildlich diesen Ort vor, wo wir nur Zerstörung finden und Asche und Schweigen. Wenn dort die Liebe Gottes vorbeikommt, sprießt überall, wo sie den Boden betritt, neues Gras auf und Vögel fangen wieder an zu zwitschern, und wo vorher nichts war, hinterlässt sie eine Spur des Lebens!

Liebe ist das wichtigste Werkzeug, das Gott uns gegeben hat, um eine verlorene Welt zurückzugewinnen. Aber normalerweise haben wir den Umgang mit den „Waffen“ Gottes nicht gelernt. Stattdessen greifen wir auf unser herkömmliches Waffenarsenal zurück – auf die Waffen des Todes.

Die Erneuerung des Waffenarsenals – ein Beispiel

Als Teenager hatte ich ein „kleines Problem“ mit Jähzorn. Ich war in meiner Klasse derjenige, der sich am meisten mit anderen prügelte.

Aber so sehr der Jähzorn mir (und anderen) auch Probleme bereitete, so vorteilhaft schien er damals oft: denn es war meine Waffe Nummer Eins. Sie half mir, mit Bedrohungssituationen klarzukommen.

Als ich dann Christ wurde, wusste ich, dass ich mich nicht mehr ständig prügeln sollte, und verzichtete auch meistens darauf. Allerdings hatte ich damit nicht automatisch neue Waffen in meinem Arsenal.

Gott fing an, Seinen Finger darauf zu legen, als ich vor vielen Jahren mit „Jugend mit einer Mission“ in Westafrika war. Gleich am ersten Tag wurde ich in einen Raubüberfall verwickelt: ein Engländer aus unserem Team wurde vor meinen Augen von einem Mann mit einem Messer angegriffen. Mein spontaner Impuls war, auf den Angreifer loszugehen, und dem Engländer zu helfen. Und das tat ich dann auch. Bei dieser Auseinandersetzung stieß mir der Angreifer sein Messer in den Oberschenkel.

Ich erinnere mich noch, wie ich ihm gegenüberstand: kochend vor Zorn mit dem einzigen Ziel, ihm dieses Messer abzunehmen und ihn richtig zu verprügeln. Aber nach wenigen Augenblicken drehte er sich um und lief weg.
Als ich mit einem blutüberströmten Bein zurückkam, verbreitete sich die Nachricht über diesen Zwischenfall in Windeseile und die Reaktionen innerhalb des Teams waren zweigeteilt: die einen fanden mein Verhalten heldenhaft und die anderen unmöglich!
In den folgenden Tagen fing Gott an, mit mir über mein Verhalten zu reden. Und ich stellte fest, dass ich – wie so oft schon – im Angesicht dieses kalten Hauchs des Todes, der mir durch den Angreifer entgegengeweht war, automatisch alles darangesetzt hatte, seine zerstörerische Wirkung so klein zu halten wie möglich. Und so hatte ich meinerseits einen Hauch des Todes losgeschickt. Ich hatte Zerstörung mit Zerstörung beantwortet und Tod mit Tod, und am Ende hatte beides nur umso mehr Raum gewonnen – zumindest in unseren Herzen. Und mir wurde zum ersten Mal bewusst, dass es in meiner Waffenkammer nichts gab, womit ich diesen destruktiven Kräften etwas qualitativ anderes hätte entgegensetzen können, dass es dort nichts gab, was die Macht gehabt hätte, neues Leben zu bringen – weder mir noch dem Gegner.
Ein Gefühl von Ohnmacht kam.
Aber Gottes Lektion war damit nicht abgeschlossen. Einige Zeit später stand ich abends allein am Tresen einer kleinen Bar, als eine Gruppe junger Männer den Raum betrat. Als sie mich sahen, steuerten sie auf mich zu und umringten mich. Der Anführer (er hieß „Just“, wie ich später erfuhr) trat vor, spielte mit seien Muskeln und fing an, mich zu provozieren und zu beleidigen: „Hey, du Ausländer, was willst du hier!“
Eine große Spannung lag in der Luft. Dies war kein Freundschaftsbesuch, und ich merkte intuitiv, dass es allein vom Kräfteverhältnis her keine geeignete Waffe in meinem Arsenal gab. Und zum ersten Mal in meinem Leben schaute ich im „Angesicht des Feindes“ innerlich hoch – zu Gott. Mir kam dann eine Antwort in den Sinn: ich nahm die Frage ernst und erzählte ihnen von unserem Anliegen als Missionare und von meiner Wertschätzung gegenüber der afrikanischen Kultur. Ich sagte

ihnen, dass mich besonders die Gastfreundschaft in diesem Land beeindruckte und der freundliche Umgang mit Ausländern.
Auf dem Gesicht von Just, der vorher noch so höhnisch gegrinst hatte, tauchte ein leichter Ausdruck von Verwirrung und Ratlosigkeit auf. Und auf jede Provokation, auf jede Beleidigung, die er mir entgegenbrachte, fiel mir eine von Herzen freundliche Antwort ein.
Er wurde buchstäblich entwaffnet. Die Spannung wich immer mehr. Schließlich lächelte er kurz und wir trennten uns friedlich – fast freundschaftlich.
Wenige Tage später wurde er mein Dolmetscher für die Bibelkreise derer, die sich frisch bekehrt hatten.
Eines Abends war ich unterwegs, um den stellvertretenden Direktor einer großen Uni zu besuchen, der erst vor kurzem eine Morddrohung erhalten hatte. Als ich auf dem Weg dorthin an der Kneipe vorbeikam, saßen Just und seine Freunde draußen. Als sie hörten, wohin ich wollte, warnten sie mich, dorthin zu gehen, das sei momentan zu gefährlich. Aber da die Verabredung wichtig war, sagten sie schließlich: „Okay, wir lassen dich dorthin gehen, aber nur, wenn du uns mitnimmst und wir dich beschützen dürfen!" Und dieselbe Gruppe, die mich vor einigen Tagen noch aus ganz anderen Gründen umringt hatte, nahm mich jetzt in die Mitte, eskortierte mich auf dem Weg, wartete, bis mein Gespräch zu Ende war und brachte mich zurück!
Aber am meisten bewegte mich der Abschied von Just, kurz bevor wir wieder abflogen: er erzählte mir zum ersten Mal, dass er vor einigen Jahren bereits Christ gewesen war, aber den Glauben wieder verloren und sich von Gott abgewandt hatte. Und er sagte: „An dem Abend, als du uns das erste Mal in der Kneipe begegnet bist, ist der Glaube in meinem Herzen wieder erwacht, dass am Christentum vielleicht doch was dran ist. Und ich habe den Wunsch, eines Tages in der Lage zu sein, anderen so zu begegnen, wie du uns dort begegnet bist!" Er bat mich, für ihn zu beten, dass er in Bezug auf Jesus die richtige Entscheidung treffen möge. Und dann umarmten wir uns und verabschiedeten uns wie Brüder.
Zum ersten Mal in meinem Leben hatte ich mich im Angesicht eines „Feindes" nach den Werkzeugen Gottes, nach Seinen lie-

bevollen „Waffen" ausgestreckt. Und wie viel Leben war entstanden!

Die „Waffen" der Liebe

Stellen Sie sich eine Situation der Ungerechtigkeit oder der Bedrohung vor, in der Ihnen etwas von Ihrem Leben geraubt werden soll: ein Teil Ihres Eigentums, Ihr Ruf, Ihre Gesundheit oder einfach Ihr gutes Recht (zum Beispiel die Vorfahrt beim Autofahren).
Was springt dann in Ihrem Herzen an? Schweigen, Flucht oder Gegenangriff? Auf welche Angriffs- oder Verteidigungswaffen greifen Sie zurück?
Die meisten dieser Waffen versprechen uns, unser Leben zu bewahren, rauben es uns aber gleichzeitig innerlich: wir verlieren die Liebe! Und jedes Mal, wenn das passiert, fallen wir aus unserer Berufung!
Wenn wir auf diese Waffen verzichten wollen, fühlen wir uns verletzlich oder ausgeliefert, und oft fürchten wir uns. Und die Furcht sagt: „Schütz dich, kämpfe um dein Leben!" Der eigentliche Kampf besteht darin, nicht das zu tun, was die Furcht uns sagt – sondern verwundbar zu bleiben und unser Herz offen zu halten für die Waffen, die Gott uns anbietet. Es kann sein, dass uns das Schmerzen bringt – aber wir können uns entscheiden, Schmerzen auszuhalten. Dieser Weg der Liebe mag sich tatsächlich so anfühlen, als würden wir unser Leben verlieren, aber am Ende gewinnen wir es ganz neu!

Liebe ist das Zeichen, an dem die Kinder Gottes erkannt werden (vgl. Jh 13,35) und gleichzeitig das, was bei vielen erkalten wird, wenn die Ungerechtigkeit überhand nimmt (vgl. Mt 24,12).
Wenn wir in Konflikte mit anderen Menschen geraten, messen wir den Erfolg oft daran, ob wir eine Lösung für diese Schwierigkeiten gefunden haben oder uns durchsetzen konnten.
Aber Gott scheint den Sieg in einer Situation daran zu messen, ob Seine Liebe in unserem Herzen zunimmt. Vielleicht haben wir nach den Maßstäben dieser Welt gewonnen, aber wenn unser Herz härter oder kälter geworden ist, dann haben wir eigentlich verloren – und wenn wir eine Niederlage erlebt haben

und vielleicht ausgelacht wurden, aber die Liebe und die Barmherzigkeit gegenüber anderen, denen es ebenso ergangen sein mag, zugenommen hat, dann haben wir eigentlich gewonnen! Nicht die Umstände – unser Herz ist das zentrale Schlachtfeld, auf dem es zu siegen gilt!
Dort, wo Gottes Liebe in unserem Herzen verschüttet wird, fallen wir aus unserer Berufung! Unser Verhalten und unsere Dienste mögen äußerlich noch gut aussehen, aber innerlich werden sie zu „Schall und Rauch“. Was bleibt, ist eine Diensthülse – kraftlos und hohl.
Also, wenn Sie Ihre Berufung ergreifen und vertiefen wollen – legen Sie zunächst Ihre Lieblingswaffe ab! Und lernen Sie, sich in dieser Ohnmacht und Verwundbarkeit Gott anzuvertrauen. Er wird für Sie kämpfen! Und Er wird Ihnen Seine Werkzeuge, Seine „Waffen“ anbieten: „Waffen“ des Lebens!

Wenn wir der Liebe Gottes Raum geben, erhalten wir dadurch die Herrlichkeit zurück, die uns verloren ging. Menschen, die lieben, werden schön! Und die Liebe macht uns frei! Sie befreit uns von uns selbst – vielleicht sogar von dem Streben, die eigene Berufung zu suchen. Sie befreit dazu, Gott und den anderen zu finden. Denn Liebe fragt nicht: „Was kann *ich* für dich tun?“, sie fragt: „Was kann ich für *dich* tun?“
Liebe ist das Einzige, was das *Ich* für das *Du* zur Seite stellt. Sie sucht nicht die Dienste, sondern die Menschen. Und wenn sie aus uns herausfließt, findet sie Kanäle, durch die sie besonders reichlich fließen kann: diese Kanäle sind unsere Gaben.
Es gibt Tausende von Begegnungen, Tausende von Augenblicken, in denen wir uns von Gottes Liebe leiten lassen können, wo auch immer wir sind oder hinkommen – ein ganzes Leben lang.
Liebe *ist* unsere Berufung!
Und wir können uns nicht darauf einlassen, ohne selbst verändert zu werden.

b) Berufung zu einem neuen Sein

Der zweite Aspekt von Berufung ist die Erneuerung unseres Seins.

Unser „Sein“ ist das, was von uns übrig bleibt, wenn wir aufhören, etwas zu tun. Es schlägt sich nieder in der Atmosphäre, die wir verbreiten, in der Ausstrahlung, die wir haben und die unser Sprechen oder Schweigen, unser Handeln oder Ruhen prägt. Es ist wie der Ton, der die Musik macht. Aus diesem Grund können unterschiedliche Menschen das Gleiche sagen oder tun und es kann völlig unterschiedliche Auswirkungen haben. Denn was wir sind ist viel machtvoller als das, was wir tun!

Die schöpferische Kraft des Rufes

Und genau auf dieser Ebene berührt uns der Ruf Gottes. Denn eine weitere Eigenschaft der lebendigen Worte Gottes ist ihre schöpferische Kraft. Es ist dieselbe Kraft, durch die alles geschaffen wurde (vgl. Gen 1). Es handelt sich bei den Worten Gottes also nicht nur um Botschaften, sondern gleichzeitig auch um die Exekutive, die Verwirklichung dieser Botschaften (vgl. Jes 55,10f).
Der Ruf Gottes entfaltet in dem Moment seine schöpferische Kraft im Leben des Berufenen, in dem dieser sich darauf einlässt: er wird zu Gott gezogen und „in Christus“ hineinversetzt. Dadurch entsteht etwas völlig Neues:

„Daher, wenn jemand in Christus ist, so ist er eine neue Kreatur; das Alte ist vergangen, siehe, Neues ist geworden“ (2 Kor 5,17).

Dies zeigt sich anschaulich an der Namensgebung, die in biblischen Berufungszeugnissen häufig mit diesem Ereignis einhergeht.
Nach dem hebräischen Verständnis sagt der Name immer etwas über das Sein des Namensträgers aus – also über sein Wesen, seine Identität oder seine Wirksamkeit. „Eva“ zum Beispiel heißt „Mutter allen Lebens“. Oder nehmen wir „Jesus“; der Name Gottes war bei den Juden JHWH – und „Jesus“ heißt: „JHWH rettet“. Wenn wir damals einem der beiden begegnet wären, hätten wir mit ihrem Namen auf einen Schlag alles über sie erfahren: wer sie waren, welche Ausstrahlung sie hatten und welche Berufung auf ihrem Leben lag.

„Ja – nach einem schönen Wort von K. Rahner – habe ich nicht nur einen Ruf und eine Sendung, ich bin ein Ruf Gottes, ich bin ein einmaliges Wort Gottes, ich bin eine Sendung Gottes in der Welt“ (Greshake S. 98).
Aus diesem Grund erhielten Menschen normalerweise einen neuen Namen, wenn sie sich auf Gottes Ruf eingelassen hatten. Warum? Weil durch die Schöpfungskraft des Rufes etwas Neues entstanden war, das dem alten Namen nicht mehr entsprach.
Und so wurde aus Abram nach seiner Berufung Abraham, das heißt: „Vater einer Menge“ (vgl. Gen 17,5). Aus Sarai wurde Sara („Fürstin“; vgl. Gen 17,15), aus Simon wurde Petrus bzw. Kaiphas („Fels“; vgl. Mt 16,18; Joh 1,42) ...
Dieser Aspekt von Berufung lässt sich ebenfalls vom griechischen Urtext ableiten, denn καλεο [kaleo] besitzt noch eine zweite Bedeutung im Sinne von „nennen“:

„... im NT bezeichnet καλεο *[kaleo] zunächst das Beilegen eines Namens oder Beinamens (...) Häufiger noch als im klassischen Griech. und auch in der LXX [Septuaginta, antike griech. Übers. des AT] verbirgt sich hinter dem Passiv* καλεομαι *[kaleomai] = genannt werden, heißen eine Aussage über Wesen und Existenz eines Menschen oder einer Sache“* (Coenen S. 88).

Und auch wir werden, wenn wir uns auf Gottes Ruf einlassen, eines Tages einen neuen Namen von Gott erhalten (vgl. Offb 2,17) als Zeichen und Ausdruck dafür, wer wir dadurch wirklich geworden sind!
Aber wer sind wir nun „wirklich“ durch Gottes Ruf geworden?

Paulus beschreibt die neue Existenz folgendermaßen: *„... nicht mehr lebe ich, sondern Christus lebt in mir“* (Gal 2,20).
Und auch unser neues Leben ist eigentlich nicht mehr *unser* Leben, sondern das Leben Jesu in uns! Und alles, was Jesus kennzeichnet, kennzeichnet uns! Wir sind die Brüder und Schwestern Jesu, die Söhne und Töchter Gottes! Wir sind „in Christus“ vollkommen heilig, vollkommen heil. Wir sind vollkommen frei. Wir gehören zum höchsten Adel dieser Erde und erhalten „in Christus“ die Herrlichkeit zurück, die verloren

ging. Wo immer wir auch hingehen, dahin kommt auch die gesamte Gegenwart und Liebe Gottes! Wir bringen sie mit, denn Christus lebt in uns!

Das – und noch viel mehr – ist die Wahrheit über unser neues Sein. Schlagen Sie doch mal eine Bibel auf und lassen Sie sich vom Heiligen Geist durch das Neue Testament führen. Es wird höchst spannend sein, was Sie dort alles über sich selbst entdecken werden. Und Gott hat uns ein ganzes Leben gegeben, um diese Wahrheiten immer mehr auszupacken.

Trotzdem wird uns diese Wahrheit für unser Leben auf dieser Erde nicht sehr viel nützen, wenn wir sie nicht glauben, denn wir können dann ihre Früchte nicht ernten.
Wenn wir blind dafür sind, laufen wir weiter aufgeregt durch unser Leben auf der Suche nach Stimmen, die uns sagen, wer wir sind.
Und wir glauben allen möglichen Unsinn über uns. Und das, was wir glauben, prägt unsere Gedanken, Gefühle und Handlungen und wir fangen an, es zu „verkörpern", selbst dann, wenn es etwas völlig Falsches ist!
Gleichzeitig wird es uns extrem schwer, oft sogar unmöglich werden, die Dinge zu tun, die Gott für unser neues Leben vorbereitet hat. Wir stehen dann vor vielen Herausforderungen, wie einst das Volk Israel vor dem gelobten Land, dem Land von Milch und Honig, aber auch dem Land der Riesen. Im Angesicht dieser Herausforderung sahen sie sich selbst wie Grashüpfer: klein und unbedeutend und äußerst harmlos (vgl. Num 13,32f).
Und sie hatten auch das Konfliktlösungsverhalten der Grashüpfer übernommen: bei Gefahr wegzuhüpfen!
Wie kam denn dieses heilige Volk Gottes, das ausersehen war, das ganze Angesicht dieser Erde im Namen Gottes zu verändern, dazu, sich wie Grashüpfer zu sehen, zu fühlen und auch zu verhalten?
Erinnern wir uns, aus welchem Hintergrund das Volk Gottes kam: es hatte mehrere Jahrhunderte der Sklaverei hinter sich. Es hatte mehrere Jahrhunderte den falschen Stimmen zugehört. Und es hatte angefangen, sich wie ein Volk von Sklaven und Opfern zu sehen und zu fühlen!

Gottes Reaktion auf die darauf folgende Verweigerung war nicht nur eine Strafe, sondern auch eine Therapie: Er schickte das ganze Volk vierzig Jahre lang in die Wüste. Die Wüste ist der Ort größter klimatischer Gegensätze. Nirgendwo sonst herrscht ein so unmittelbarer Überlebenskampf mit der Natur. Nirgendwo sonst kam das Volk so tief mit seiner Abhängigkeit von Gott in Berührung, und nirgendwo sonst konnte Gott sich so tief offenbaren wie an diesem Ort.
Als Folge kam nach Ablauf der vierzig Jahre ein Volk von Kriegern aus der Wüste hervor, ein Volk, das Gott kennen gelernt hatte und sich selbst, als was es wirklich war: das Volk Gottes. Dieses Volk war dann auch in der Lage, die Werke Gottes unter Josuas Leitung zu tun und sein Erbe anzutreten.

In die neue Realität hineinwachsen

In dem gleichen Kampf um die Realität steht jeder, der sich auf Jesus eingelassen hat.
Um dieses entscheidende Schlachtfeld besser verstehen zu können, kehren wir noch einmal zu unserer Ausgangsgeschichte zurück, der Geschichte vom bettelnden Königssohn:

So wie das Feuermal den bettelnden Königssohn, so zeichnet das Blut Jesu den Christen aus. Und wie der Bettlerjunge werden auch wir die Werke, die für uns vorbereitet wurden, nur in dem Maße antreten können, in dem wir begriffen haben, wer wir wirklich sind.
Und auch wir stehen auf dem gleichen Schlachtfeld um die Wahrheit.
Der König des Himmels sagt Seinen Kindern zum Beispiel, dass sie das Wertvollste sind, was Er im Universum finden konnte, dass Er alles hingegeben hat, um sie zu bekommen. Er sagt ihnen, dass sie geliebt, geheiligt und befreit sind. Aber die wenigsten Kinder fühlen und verhalten sich geliebt oder geheiligt oder befreit.
Sie lesen in Gottes Wort etwas über die neue Kreatur und schauen dann in einen Spiegel – und damit sind nicht nur Wandspiegel gemeint, sondern Situationen, Umstände, Begegnungen mit anderen Menschen, in denen sich etwas von ihnen widerspie-

gelt. Wir ziehen unsere Gedanken und Gefühle, unser Verhalten und alles mögliche andere heran, um davon abzuleiten, wie „königlich“ wir bereits sind.

Aber wir stoßen auf diesem Wege oft nur auf die Spuren des „alten Menschen“: wir erleben, dass uns der Geduldsfaden reißt, der Glaube fehlt, dass wir erschreckend lieblos handeln oder schlechte Gewohnheiten nicht loswerden.
Daraufhin haben wir verschiedene Möglichkeiten: Wir können anfangen, jeden Bereich unseres Lebens zu verdrängen, der in dieses Bild nicht hineinpasst, oder die biblische Realität anzweifeln. Und aus diesem Zweifel wird das Anliegen geboren, „königlich“ zu *werden*. Oft versuchen wir dann, uns möglichst königlich zu *benehmen*. Dabei orientieren wir uns an den unterschiedlichen „Königsregeln“ der jeweiligen Gemeinde und Konfession, der wir angehören, und versuchen ihnen gerecht zu werden. Je besser und länger uns das gelingt, desto königlicher fühlen wir uns normalerweise. Aber: werden wir dadurch tatsächlich königlicher? Nein! Durch unser Verhalten wird höchstens *sichtbar*, wer wir sind!

Es gibt im Himmel und auf der Erde nur einen einzigen Weg, der Menschen königlich *macht*: die Geburt!
Wenn jemand königliche Eltern hat, dann *ist* er von königlicher Abstammung, unabhängig davon, ob er gerade daran denkt, und sich königlich fühlt oder sich so verhält!
Die Geburt ist das Entscheidende. Allerdings muss – anders als in unserer Geschichte – ein Bettler und Dieb (ein „Sünder“) im Reich Gottes sterben, um als Königskind neu geboren zu werden (vgl. Jh 3,5).
Und um dieses neue Leben anzutreten, muss ich den Tod des Bettlers akzeptieren.
Von diesem Tod spricht Paulus, wenn er uns als mit Christus gestorben und mit Ihm auferweckt bezeichnet (vgl. Röm 6,8.4).
Der Ort, an dem dies geschehen ist – und damit das Tor zu jeder Berufung – ist das Kreuz Christi. Es ist der Ort, an dem die Freiheit zu diesem neuen Leben geboren wird, und das alte Leben endet. Es ist der Ort, an dem Sünder sterben, alte Kreaturen vernichtet werden, Bettler und Diebe dahingehen.

Aus diesem Ort gehen Heilige hervor, eine neue Schöpfung entsteht, und Königstöchter und Königssöhne werden geboren.

Aus diesem Grund führt uns Gottes Ruf nicht nur in Seine Liebe hinein, sondern auch zum Kreuz. Denn hier finden wir die Tür zum neuen „Sein".

Da wir in der Regel jedoch für diese Vorgänge weder die Sicht Gottes haben noch zwischen dem Leben des Königssohns und der „toten" Existenz des Bettlers unterscheiden können, erleben wir oftmals diese Entscheidung für das Leben wie ein Sterben. Genau so, bildlich gesprochen, wie ein Bettler, der Millionen erbt, sein neues Leben nicht beginnen kann, ohne das alte Bettlerleben aufzugeben und „dem Bettler zu sterben". Wenn das Bettlerleben jedoch das Einzige ist, was er kennt, kann der Schritt Mut kosten, die gewohnte Armut hinter sich zu lassen. Besonders, wenn es sich um einen Menschen handelt, der Armut für Reichtum hält und den Wert seines Erbes nicht kennt, bedeutet der Schritt in ein Leben des Reichtums unter Umständen erst einmal den Verlust all dessen, was er zu haben meinte: des ganzen bisherigen Lebens.

Um dieses „Ja" zu unserem Tod, um diesen Abschied kommen wir auf dem Weg in unsere Berufung nicht herum. Sobald wir das Neue wollen, ohne das Alte aufzugeben, dient das Neue in der Regel der Existenz des Alten, so wie ein Millionenerbe einem Bettler dazu dienen kann, sein Bettlerdasein für den Rest seines Lebens sorglos weiterzuführen, anstatt ein neues Leben, welches seinem Erbe entspricht, zu erobern. Das Problem dabei ist, dass damit das Neue eigentlich überhaupt nicht gelebt, das Erbe eigentlich *nicht* angetreten wird. Ähnlich können wir versuchen, die Liebe und Gnade Gottes zu nehmen, um das Leben des alten Menschen angstfrei auszuleben.

Ich glaube, die Christenheit muss wieder lernen, sich selbst von ihrer Geburt in Christus und den grundlegenden biblischen Aussagen über die neue Kreatur her zu verstehen. Die meisten Menschen machen es falsch herum: Sie schauen in verschiedene Arten von „Spiegeln", betrachten sich selbst, die Erfahrun-

gen, die sie in der Vergangenheit mit sich gemacht haben, und ihre Taten und leiten davon ihre Identität ab.
Aus diesem Grund heißt es: *„Denkt nicht an das Frühere, und auf das Vergangene achtet nicht! Siehe, ich wirke Neues! Jetzt sprosst es auf. Erkennt ihr es nicht?“* (Jes 43,18f). Der Schlüssel liegt darin, die „Spiegel der Vergangenheit“ wegzuwerfen. Das bedeutet nicht, die Vergangenheit zu verdrängen. Es bedeutet, sich nicht mehr daran zu *orientieren*, um frei zu werden, das Neue zu sehen und dort hineinzuwachsen.
Martin Buber, ein jüdischer Philosoph, drückt es so aus, dass wir erst am „Du“ – an einem Gegenüber – zu uns selbst finden können. Es geht uns wie dem bettelnden Königssohn: Wir brauchen den König und seine Diener, die uns sagen, wer wir sind. Wenn sie es nicht tun, dann tun es die Bettler und Diebe!
Überall dort, wo wir nicht genau wissen, wer wir sind, finden wir die Antwort darin, wer *Gott* in diesem Bereich für uns ist: Die Bibel bezeichnet Gott als Vater des Lichts (vgl. Jak 1,17). In dem Maße, wie wir Ihn als solchen kennen lernen, werden wir uns zunehmend als Kinder des Lichts (vgl. 1Thess 5,5) sehen können. Ähnliches gilt für Gott als Hirte, Herr, Bruder, Erlöser oder Feldmarschall: Die Beziehung zu Gott öffnet uns die Augen für uns selbst als Schaf, Knecht, Bruder oder Schwester, Erlöster oder Krieger.
Häufig haben wir vergessen, dass es nur einen einzigen Spiegel gibt, in dem man wirklich sehen kann, wer man ist: das Angesicht Gottes! Je häufiger wir in diesen Spiegel schauen, desto mehr verwandeln wir uns in das, was wir darin sehen:

„Wir alle aber schauen mit aufgedecktem Angesicht die Herrlichkeit des Herrn an und werden (so) verwandelt in dasselbe Bild von Herrlichkeit zu Herrlichkeit …“ (2 Kor 3,18).

Wir können in Röm 8,19 nachlesen, dass sich die gesamt Schöpfung danach sehnt, dass dies geschieht:

„Denn das sehnsüchtige Harren der Schöpfung wartet auf die Offenbarung der Söhne Gottes.“

Es ist nicht die Sehnsucht, dass etwas entstehen möge, was noch gar nicht existiert, sondern, dass etwas sichtbar wird, was schon längst da ist: Söhne und Töchter Gottes.

c) Berufung zu den vorbereiteten Werken

„Denn wir sind sein Gebilde, in Christus Jesus geschaffen zu guten Werken, die Gott zuvor bereitet hat, damit wir in ihnen wandeln sollen" (Eph 2,10).

Wir finden in diesem Vers den dritten Aspekt von Berufung: die „guten Werke".
Das Besondere an diesen Werken liegt darin, dass sie bereits von Gott vorbereitet wurden. Es ist erstaunlich, zu sehen, dass der Herr mit der einen Hand Forderungen an uns stellt, deren Erfüllung Er uns mit der anderen Hand gleichzeitig anbietet!
Vorbereitete Werke können völlig verschiedene Gesichter haben. Häufig sind sie äußerlich von anderen Werken nicht zu unterscheiden. Beispiele finden wir im handwerklichen Bereich etwa bei dem Bau der Arche (vgl. Gen 6,13-17) oder dem Wiederaufbau der Stadtmauer Jerusalems (vgl. Neh 3).
Was nun unterscheidet den Bau der Arche von dem irgendeines anderen Schiffes und den Bau der Stadtmauer Jerusalems von dem anderer Mauern?
Und wie können wir die für *uns* vorbereiteten Werke von anderen unterscheiden?

Vorbereitete Werke zeichnen sich nicht dadurch aus, dass sie besonders geistlich aussehen, sondern einfach dadurch, dass sie im Herzen Gottes geboren wurden!
Und das Herz Gottes ist auch der Ort, an dem wir sie finden können. Wenn Sie also nach Ihrer Dienstberufung suchen, suchen Sie nicht zuerst nach möglichen Werken, sondern suchen Sie das Herz Gottes!
Und es mag uns manchmal überraschen, was in der Gegenwart Gottes geboren werden mag.

Die Frau am Fluss – ein Beispiel

Ich ging früher während meines Studiums oft am Ufer des Mains spazieren, um Gott zu begegnen. An einem Nachmittag ging ich in tiefer Anbetung und Freude dort entlang und kam an einer Bank vorbei, auf der für sich allein eine Frau mittleren Alters saß. In diesem Moment tauchte wie aus heiterem Himmel folgende Aufforderung in meinem Inneren auf: „Karsten, sag dieser Frau, dass Jesus sie lieb hat." Ich verscheuchte diesen Gedanken und ging weiter. Aber er kam wieder – drängender. So wurde ich aufmerksam und suchte meinerseits die nächste Bank auf, um mit Gott über diesen Impuls zu diskutieren. „Herr", sagte ich, „wenn Du das bist – Du liebst doch alle Menschen! Warum muss denn ausgerechnet diese Frau hören, dass Du sie liebst?"

Während ich betete, formte sich ein Bild vor meinem inneren Auge: eine Hand mit einem Ring – anscheinend einem Ehering. Der Ring zerbrach in zwei Teile. Ich hatte den Eindruck, Gott wolle mir erklären, dass die Frau geschieden war oder gerade durch eine Scheidung ging. Dann kam noch der Eindruck von sehr viel Schmerz in ihrem Leben hinzu.

So saß ich da mit diesen Eindrücken und wusste nicht weiter. Was sollte ich tun? Ich fing wieder an, mit Gott zu diskutieren: „Herr, diese Eindrücke – es sind ja nur Eindrücke – woher soll ich wissen, dass sie wirklich von Dir sind?" Sofort tauchte ein Wort in fetten Blockbuchstaben auf: „UNGLAUBE". Ich wusste, Gott hatte Recht … Aber was sollte die Frau denken, wenn ich mit der Behauptung zu ihr gehen würde, Gott wolle ihr etwas durch mich sagen? Würde sie nicht die „Männer in den weißen Kitteln" rufen? Wiederum kam ein Wort: „MENSCHENFURCHT". Und wiederum musste ich zustimmen.

Ich kann sagen, dass ich in diesem Augenblick weder Frieden hatte zu bleiben noch zu gehen. Schließlich aber erinnerte ich mich an all meine Gebete, Gott möge mich gebrauchen, und gehorchte.

Ich ging also zurück, und da mir nichts Besseres einfiel, entschloss ich mich, die Karten offen auf den Tisch zu legen. Ich trat auf die Frau zu, entschuldigte mich und erzählte ihr von

dem Eindruck, ich sollte ihr von Gott sagen, Jesus hätte sie lieb.
Dann wartete ich gespannt auf ihre Reaktion. Aber ihr Blick wirkte nicht abwehrend, sondern im Gegenteil offen und interessiert. Das ermutigte mich, und ich erzählte ihr gleich noch von dem Eindruck mit dem Ring. Als sie das hörte, machte sie im Sitzen fast einen Satz: „Das stimmt!“, rief sie, „Ich bin geschieden, woher wissen Sie das? Sind Sie ein Spiritist oder ein Okkultist?“ Ich erzählte ihr, ich sei weder das eine noch das andere, sondern ich sei Christ. Sie bat mich, mich zu setzen, und fing an, mir von ihrem Leben zu erzählen: Wie sie Gott schon immer gesucht habe, aber in ihrer Kirche nie etwas von Jesus gehört hätte, wie sie dann weiter suchte und schließlich in der Parapsychologie und in der weißen Magie landete. Sie erzählte von ihrem Schutzgeist und Geistführer und bezeichnete sich ganz harmlos als weiße Hexe. Sie berichtete von dem Schmerz, durch den sie in den letzten Jahren gegangen war und davon, wie sie in den letzten Wochen und Monaten so traurig geworden sei und zuletzt auf den Main geschaut habe mit der Frage, ob es eine Lösung sei, hineinzuspringen.
Vor diesem Hintergrund gewann Gottes Botschaft auf einmal eine viel tiefere Bedeutung.

Als ich sie schließlich fragte, was sie mit dieser Liebeserklärung machen wolle, und ihr erzählte, dass es die Möglichkeit gäbe, ihr Leben Jesus anzuvertrauen, fragte sie fast ungläubig, ob er es denn überhaupt nehmen würde. Als ich ihr das versicherte, brach sie die Kooperation mit den Mächten, denen sie bisher gedient hatte, und lud Jesus in ihr Leben ein. Einige Minuten später verließ sie mit Hoffnung und Freude eine Bank, auf die sie sich zwei Stunden vorher mit Mutlosigkeit und Trauer gesetzt hatte. Das Leben dieser Frau war mir wie eine „reife Frucht“ in die Hände gefallen.

Ich weiß nicht, was aus dieser Frau geworden ist – ich habe sie schon lange nicht mehr gesehen. Aber immer wenn ich seitdem an dieser Bank vorbeigekommen bin, ist mir die Erinnerung an eines von Gottes schönen vorbereiteten Werken in meinem Herzen hochgestiegen.

Es war eigentlich ganz einfach: meine Aufgabe war Hingabe und Gehorsam – Gott tat alles Übrige.
Den Schlüssel zu den vorbereiteten Werken bietet uns Jesus in Joh 15,5 an:

„Ich bin der Weinstock, ihr seid die Reben. Wer in mir bleibt und ich in ihm, der bringt viel Frucht, denn getrennt von mir könnt ihr nichts tun."

Warum aber fällt es uns oft so schwer, uns darauf zu konzentrieren, einfach nur „in ihm" zu bleiben um dann zu sehen, was daraus erwächst? Warum macht uns diese einfache Art, Frucht zu bringen, oft so viel Mühe?

Es ist mit dem Sündenfall etwas geschehen, das sich sehr zerstörerisch auf unsere Gemeinschaft mit Gott und unser Vertrauen auf Ihn ausgewirkt hat. Diese Katastrophe und ihre Folgen lassen sich am besten wiederum mit Hilfe einer kurzen Geschichte darstellen:

Die Geschichte des Blattes

Man stelle sich vor, es war einmal ein Blatt, welches von seinem Baum durch den Ast, an dem es hing, mit allem nur erdenkbar Guten überreich versorgt wurde: mit Halt, mit Saft und Kraft, mit einem Platz an der Sonne und mit allem anderen, was ein junges Blatt so braucht. Das Blatt des Baumes fühlte sich sehr angenommen und geliebt, es wuchs und gedieh in dieser Geborgenheit auf eine ausgezeichnete und einzigartige Weise. Es entwickelte sich prächtig, es liebte seinen Baum und freute sich über die Besonderheiten seiner Nachbarblätter. Es war voller Frieden und Freude, denn es gehörte dem Baum und nicht sich selbst.

Eines Tages – es mag kurzfristig einen drastischen Temperaturabfall gegeben haben – wurde die Verbindung zum Zweig auf kurze Zeit eingefroren und damit unterbrochen. Das Blatt durchfuhr ein tiefer Schreck und mit ihm die Erkenntnis um seine totale Abhängigkeit, um die Tiefe seines Ausgeliefertseins an den Baum. Das Blatt wurde von hilfloser Todesfurcht überwältigt. Sein Vertrauen in die bedingungslose und treue Versorgung des Baumes war erschüttert, und damit einhergehend kam etwas ihm bis dahin völlig Fremdes: Sorge um das eigene Wohlergehen. Das Blatt fing an, sich zu überlegen, was es tun könnte, um sich abzusichern. Es begann, sich große Mühe zu geben für etwas, das bisher ganz natürlich und wie von allein geschehen war: Es versuchte, besonders schön auszusehen, besonders ebenmäßig zu wachsen, eine besonders glänzende Oberfläche zu entwickeln und eine besonders schöne Färbung aufzuweisen. Es versuchte alles, um dem Baum zu beweisen, dass es den Platz an der Sonne und die Versorgung durch den Zweig wert sei.

Es fing auch an, seine Nachbarblätter nach diesem Vorfall mit anderen Augen zu sehen. Während es sich vorher über die Besonderheiten der anderen sehr gefreut hatte, fühlte es sich nun zunehmend durch diese bedroht. Das Blatt bekam Angst, seinen Platz an der Sonne eines Tages an ein anderes Blatt abtreten zu müssen. Es begann, seine schönen Seiten zur Schau zu stellen und seine Schattenseiten zu verbergen. Es musste von seinen Mitblättern immer wieder die Bestätigung hören, wie besonders wertvoll, einmalig, ja unersetzlich es sei – von denselben Blättern, auf die es eigentlich neidisch war. Ehemals hatte es dem Baum gehört, jetzt gehörte es sich selbst, und der Friede, die Freude und die Unschuld waren verschwunden.
Soweit die Geschichte des Blattes.

Es ist auf die eine oder andere Weise die Geschichte eines jeden Menschen. Zunächst aber ist es die Geschichte des ersten Menschen und seiner Frau. Sie erlebten ihren Schock der Trennung von Gott, indem sie Satans Lügen über das Herz Gottes glaubten. Wenn man sich den Dialog zwischen der Schlange und der Frau genauer anschaut (vgl. Gen 3,1-5), lässt sich feststellen, dass der Glaube an Satans Worte Zerstörung auf allen drei Ebenen von Berufung brachte: Erstens wurde das Vertrauen in die Liebe Gottes erschüttert, daraufhin ging die eigene Identität verloren (wer waren sie denn, wenn sie nicht Gottes geliebte Kinder waren?). Und als drittes wurde ein Weg aufgezeigt, der

der Menschheit eine neue Identität versprach, nämlich zu „sein, wie Gott".

Dieser Weg bestand darin, ihr Leben aus Gottes Hand in die eigene zu nehmen – und zwar mit Hilfe neuer Fähigkeiten („geöffnete Augen").

So wurde das Fundament des Vertrauens in die Liebe Gottes ersetzt durch das Vertrauen in die eigenen Befähigungen. Die scheinbare Unabhängigkeit von Gott wurde mit Abhängigkeit von der eigenen Leistung bezahlt.

Die Auswirkungen auf unsere Welt sehen wir bis heute: der Motor der gesamten Werbung beruht auf der Sehnsucht nach einer verlorenen Identität.

Nur vor diesem Hintergrund lässt sich verstehen, warum Christen häufig dem bettelnden Königssohn gleichen und sich über ihre Taten und Eigenschaften definieren statt über die Wahrheit Gottes. Dabei glauben sie oft heimlich, nur Bettler im Prinzengewand zu sein; sie fürchten den Tag, an dem dieser „Irrtum" durch unangemessenes Verhalten ans Licht kommen könnte und sie des Schlosses verwiesen werden.

Viele Menschen haben sich von ihrer eigenen Frucht abhängig gemacht, um am Weinstock bleiben zu dürfen. Dabei sollten sie eigentlich umgekehrt vom Weinstock abhängig sein, um überhaupt Frucht bringen zu können.

Zusammenfassung: Berufung ist wie ein Baum

Zusammenfassend lässt sich Berufung mit einem Baum vergleichen. Es ist ein Bild, das von der Bibel immer wieder aufgegriffen wird (z. B. Ps 1 oder Mt 12,33), um unser geistliches Leben zu beschreiben.

Seine verschiedenen Teile spiegeln die drei Aspekte von Berufung wider.

Die Wurzeln symbolisieren den ersten Berufungsaspekt – unsere Beziehungen; denn die Wurzeln sind das, wodurch der Baum sich ernährt. Er streckt sein Wurzelwerk in die Bereiche, von denen er sich am meisten Nahrung verspricht – genauso, wie

wir unser Herz intuitiv an die Dinge hängen, von denen wir uns am meisten Leben erhoffen.
Der Stamm und die Zweige sind ein Bild für den zweiten Berufungsaspekt – nämlich das Sein eines Menschen.
Und die Früchte schließlich sind ein Symbol für den dritten Aspekt – die Werke eines Menschen.

Anhand dieses Vergleichs wird auch deutlich, dass die Qualität der Früchte von den ersten beiden Aspekten abhängt: von den Wurzeln und von der Natur des Baumes. Die Wurzeln liefern die Nahrung und die Natur des Baumes entscheidet über die Art der Frucht: ein Apfelbaum trägt nicht Tannenzapfen, sondern Äpfel, und ein guter Baum trägt nicht schlechte, sondern gute Früchte.
Und so sind auch unsere Werke nur ein Zeichen dafür, wie weit wir bereits in die Gemeinschaft mit Jesus und in unsere neue Identität hineingewachsen sind.

Ich glaube, das ist auch der Grund, warum die Bibel oft nach der innerlichen und äußerlichen Fruchtbarkeit der Gläubigen fragt: es ist, als würde Gott bei der Suche danach um einzelne Menschen und ganze Gemeinden herumgehen mit der Frage: „Ist schon Frucht sichtbar? Haben sie schon verstanden, wie sehr ich sie liebe? Und haben sie schon etwas mehr davon erkannt, wer sie wirklich sind? Ist die Frucht davon schon sichtbar?“

Bei einem gesunden Baum entspricht der Umfang der Wurzeln in der Regel der Größe seiner Krone – nur sind die Wurzeln von außen nicht zu sehen!
Auch wenn wir in die Wurzeln unserer Berufung investieren, zum Beispiel durch Zeiten der Gemeinschaft mit Gott, geschieht das normalerweise im Verborgenen – es ist von außen nicht zu sehen! Und obwohl die Wurzeln unermessliche Bedeutung für das Leben und die Fruchtbarkeit des Baumes haben, sieht es von außen normalerweise wie Zeitverschwendung aus, wenn wir uns dafür Zeit nehmen.

Wie wir sehen, stehen wir schließlich nicht nur einer, sondern *drei* Berufungsfragen gegenüber:

- Die Frage nach der Beziehung: *Aus welcher Quelle heraus* lebe ich?
- Die Frage nach der Identität: *Als wer* tue ich, was ich tue?
- Die Frage nach den vorbereiteten Werken: *Was* soll ich tun?

Die erste dieser drei Fragen müssen *wir* Gott beantworten, die letzten zwei muss *Gott* uns beantworten.
Wir sehen diesen Zusammenhang bei der Berufung von Petrus.

Die Berufung des Petrus

Wir erfahren Wesentliches über seine Berufung im Verlauf eines Gesprächs zwischen Jesus und seinen Jüngern (vgl. Mt 16,13-20). Jesus fragt zunächst, für wen ihn seine Jünger eigentlich halten. Diese unscheinbare Frage ist bei weitem nicht so harmlos, wie sie klingt, denn sie zielt weniger auf eine allgemeine theoretische Antwort ab als vielmehr auf die Frage: Wer bin ich für dich? Was für eine Beziehung hast du zu mir?

Jesus stellt hier indirekt die erste Berufungsfrage.
Petrus antwortet: *„Du bist der Christus, der Sohn des lebendigen Gottes“* (V.16). Jesus weist zunächst darauf hin, dass Gott selbst ihm diese Erkenntnis gegeben hat. Denn selbst die erste Berufungsfrage können wir allein, ohne die Hilfe Gottes, nicht beantworten. Dann gibt er Petrus folgende Antwort:

„Aber auch ich sage dir, dass du bist Petrus (d. h. „Fels“, „Stein“), und auf diesen Felsen werde ich meine Gemeinde bauen, (...) Und ich werde dir die Schlüssel des Reiches der Himmel geben; und was immer du auf der Erde binden wirst, wird in den Himmeln gebunden sein, und was immer du auf der Erde lösen wirst, wird in den Himmeln gelöst sein“ (V. 18f.).

Die Antwort Jesu auf die zweite und dritte Berufungsfrage wird aus der Antwort des Petrus auf die erste Frage geboren.

Wir wissen, dass diese Beziehung dann in der Folge von Gethsemane abbricht oder zumindest gestört wird: Petrus verleugnet Jesus dreimal.
Der Evangelist Johannes nimmt darauf Bezug. Er berichtet ausführlich von einem Folgegespräch zwischen Jesus und Petrus, in dem Jesus Seinen Finger wiederum auf die erste Frage legt: die Frage nach der Liebe (vgl. Joh 21,15-17).
Und mit jedem „Ja, Herr" von Petrus bestätigt und vertieft Jesus hier wiederum die Antwort auf die dritte Berufungsfrage, nämlich: „Weide meine Schafe".

Auch uns stellt Gott in der Regel diese erste Frage: „Hast du mich lieb?", um dann auf der Basis unserer Zustimmung seinerseits die Fragen nach unserer Identität und den für uns vorbereiteten Werken zu beantworten.

2. Wie entfaltet sie sich?

Der schönste Baum nützt nichts, wenn er nicht heranwächst, und auch die höchste Berufung ist umsonst, wenn sie sich nicht entfaltet. Und so werden wir uns in diesem Kapitel mit verschiedenen Zusammenhängen und Faktoren auseinander setzen, auf deren Grundlage genau dies geschehen kann.

a) Kein Platz, sondern ein Weg

Lehnen Sie sich doch mal kurz zurück und denken Sie darüber nach: Weshalb lesen Sie gerade dieses Buch? Warum haben Sie Interesse an Ihrer Berufung? Und welche Vorstellung haben Sie davon, wie Ihr Leben aussehen wird, wenn Sie diese Berufung endlich „gefunden" haben?

Viele Menschen, die nach ihrer Berufung suchen, sehnen sich nach einem Platz, an dem sie zur Ruhe kommen können: einem Zuhause, einem Ort der Geborgenheit und Fruchtbarkeit, einem Ort, der die Spuren eines verlorenen Paradieses trägt und der ihnen vermittelt: „Du bist endlich angekommen!" Und sie hoffen, dass Gottes Berufung sie schnellstmöglich dorthin bringt.
Diesen Platz gibt es auch, aber nicht auf dieser Erde. Der einzige Ort, wo wir diese Dinge finden, ist das Herz Gottes. Was uns hier unten erwartet, ist hingegen ein Weg, der abschnittsweise vom Gegenteil dessen gekennzeichnet sein kann, was wir eigentlich zu finden hofften: ein Weg der Herausforderungen, der Abwechslung, der Abenteuer und der Veränderungen; ein Weg, dessen Schlachtfelder uns immer wieder zwingen, uns auf Gott zu werfen und in Ihm das Paradies zu finden, nach dem wir auf der Erde vergeblich suchten.
Über die Glaubensväter heißt es:

„Diese alle sind im Glauben gestorben und haben die Verheißung nicht erlangt, sondern sahen sie von fern und begrüßten sie und bekannten, dass sie Fremde und ohne Bürgerrecht auf der Erde seien …" (Hebr 11,13).
Und von Petrus werden wir als *„Fremdlinge und Pilger"* bezeichnet (vgl. 1 Petr 2,11).
Je mehr wir darauf verzichten, unser Zuhause auf dieser Erde zu suchen, desto weniger leiden wir darunter, wenn wir es hier nicht finden.
Und je mehr wir in Gott zur Ruhe kommen, desto freier werden wir gegenüber den Erwartungen und den bindenden Kräften dieser Welt. Es wird dann immer weniger wichtig, was unser Nachbar vielleicht über uns denkt, oder was unsere Kollegen oder unsere Familie über uns sagen. Es ist nicht mehr so wichtig, ob wir uns gerade wohl fühlen oder nicht.
Wenn wir bereit sind, Schmerz auszuhalten, dann werden wir frei von der Angst vor dem Schmerz. Wenn wir bereit sind, auf etwas Kostbares zu verzichten, wird unser Herz frei von der Angst vor dem Verlust. Natürlich tut das noch weh, wenn es eintritt – aber wir können dann getröstet werden, und wir haben vor diesen Dingen einfach nicht mehr so viel Angst. Unser Herz wird unbestechlich! Und das Leben wird auf einmal viel schöner!
Es ist paradox: aber je mehr wir bereit sind, unser Leben auf dieser Erde zu verlieren, desto mehr gewinnen wir es hier unten bereits!

Wissen Sie, diese innere Bereitschaft, Schmerz auszuhalten, ist wichtig, denn manchmal landen wir in Gottes Fitnesscenter. Das ist ein Ort, an dem alles gegen uns zu arbeiten scheint. Ein Ort, an dem wir „Muskelkater" bekommen und Schmerzen aushalten müssen. Wo wir das Gefühl haben, wir sind am Ende. Aber die Wahrheit ist, dass wir auf Dauer an den Gewichten nicht schwächer, sondern stärker, und auf den Laufbändern nicht langsamer, sondern schneller werden – wenn wir davor nicht weglaufen!

Als ich neunzehn war, ging ich auf die „Anastasis", das Flaggschiff von „Jugend mit einer Mission". Ich wollte Englisch lernen, etwas von der Welt sehen und Abenteuer erleben. Als ich jedoch dort ankam, schien es, als wäre ich umringt von lauter „Heiligen“: Menschen, die eine Berufung für die Mission hatten und ein starkes Brennen für die Verlorenen im Herzen trugen; Menschen, denen eine übernatürliche Versorgung und Wunder ermöglicht hatten, dort zu sein, kurz: Menschen, die dorthin berufen waren.

Und ich saß dazwischen, wollte Englisch lernen und etwas von der Welt sehen – und fühlte mich wie auf dem „falschen Dampfer“.

Dann las ich das Empfangsschreiben, in dem es unter anderem hieß: „No one is here by accident or by mistake“; wir wären hier, wurde behauptet, weil Gott selbst uns hierher gebracht hätte.

Ich erinnere mich noch gut an die Reaktion in meinem Herzen: „Woher wollen die das denn wissen!? Dieses Papier wird hundertfach kopiert und jedem gegeben, der kommt, und dann soll ich noch glauben, das treffe auf mich persönlich zu? Die kennen mich doch gar nicht!“

Ich fühlte mich in den kommenden Tagen zunehmend fremd und fehl am Platz, sagte aber zu niemandem etwas.

In der zweiten Woche kam ein Pastor aus den USA, der ein Wort der Erkenntnis für mich hatte. Ohne mich auch nur ansatzweise zu kennen, sagte er: „I don't know exactly, but it is just like God picked you up and brought you here! You need to know that you are right in the centre of God's will; that you are exactly where God wants you to be ... You are not here by accident or by mistake.“

Und er sagte mir, dass ich selbst noch nicht mal genau wüsste, warum ich eigentlich auf dem Schiff sei, aber Gott wüsste das: Er würde hier an mir arbeiten, mich schütteln und mich vorbereiten.

Er sagte mir noch einiges anderes, aber ich war mitten ins Herz getroffen und wusste, dass es Gott selbst war, der hier sprach.

Von dem Tag an ging ich auf dem Schiff umher, als wäre ich der Besitzer persönlich.

Ich wusste jetzt einfach, dass ich hier richtig war!

Und Gott hielt Sein Wort: es wurde eine der schönsten und abenteuerlichsten Zeiten meines Lebens – aber auch der schwersten. Wir begegneten oft intensiven geistlichen, zwi-

schenmenschlichen und kulturellen Herausforderungen. Manchmal hatte ich auch das Gefühl, Gott sei ganz weit weg. Aber inmitten dieser Schwierigkeiten wusste ich, dass alles von Gott abgemessen war, mit einem Ziel: mir zu dienen! Und so ging ich durch das meiste mit großem Freimut und großer Freude hindurch.
Ich habe mich gefragt, was wohl geschehen wäre, wenn der Pastor damals nicht gehorsam gewesen und diesen Eindruck weitergegeben hätte. Nun, ich wäre nach wie vor im Zentrum von Gottes Willen gewesen und Er hätte nach wie vor an mir gearbeitet. Aber ich hätte es nicht gewusst! Ich wäre im Angesicht dieser Herausforderungen und Schwierigkeiten mehr denn je der Überzeugung gewesen, am falschen Platz zu sein.
Und vielleicht hätte ich aufgegeben und Gottes Schule – zumindest innerlich – abgebrochen.

Schauen Sie sich in Gedanken mal Ihre Familie, Ihre Gemeinde oder Ihren Arbeitsplatz an: mit welchen Herausforderungen kämpfen Sie gerade? Was scheint gegen Sie zu sein? Was trägt überhaupt noch nicht die Spuren des Paradieses?
Oft beginnt Berufung nicht damit, dass Gott uns aus diesen Schlachtfeldern *heraus*-, sondern indem Er uns ganz neu dort *hinein*führt.
Und wenn wir lernen, mit Ihm zusammenzuarbeiten, dann werden wir erleben, dass sich genau der unattraktive Ort, aus dem wir vielleicht gerne herausgerufen worden wären, langsam in den Ort verwandelt, den wir bisher immer woanders gesucht haben: einen Ort der Berufung, der die Spuren des Himmels trägt.

Was kennzeichnet nun dieses geistliche Fitnesscenter? Wie sieht der Weg in unsere Berufung praktisch aus, den wir auf dieser Grundlage zurücklegen sollen?

Dr. Robert Clinton, ein Assistenzprofessor am Fuller Theologischen Seminar in Kalifornien, schaute sich die Biographien von mehreren hundert Männern und Frauen Gottes an. Er tat dies mit der Arbeitsfrage, ob es ähnliche Prozesse auf ihrem Weg gab, die sich überdurchschnittlich oft wiederholten. Er versuchte daraus Grundmuster und Wegabschnitte abzuleiten, die für die Entfaltung von Berufung besonders wichtig sind. (Quelle: Werdegang eines Leiters.)

b) Prüfungen

Clinton stellte zunächst fest, dass Berufene in der Phase nach ihrer Bekehrung oft verschiedenen „Prüfungen" ausgesetzt wurden.
Bei den meisten Menschen klingen bei diesem Wort sofort die Erfahrungen der Schulzeit an, und die Angst vor der Möglichkeit durchzufallen kommt hoch.
Gott aber scheint den Finger hier nicht so sehr auf die Gefahr des Versagens, sondern vielmehr auf die Chance des Bestehens zu legen. Es ist, als würde Gott das Leben eines Menschen abklopfen mit der Frage: „Wo gibt es etwas, auf das ich aufbauen kann? Auf welchem Gebiet kann ich ihm mehr anvertrauen?"
Versuchungen, Konflikte, Verfolgungen und vieles mehr können zu diesen Prüfungssituationen gehören – Dinge, die wir eigentlich nicht so gerne mögen, in denen wir aber stark werden.
Dieser Wegabschnitt ist äußerlich oft unscheinbar, aber gleichzeitig enorm wichtig: denn er dient zum einen dem Anliegen, Gott besser kennen zu lernen – dass wir auf Ihn zu hören lernen. Zum andern dient er Gottes Anliegen, uns zu prüfen und unseren Charakter zu schulen.
Es handelt sich hier also um eine Phase, in der vor allem die Wurzeln und der Stamm unseres Berufungsbaumes wachsen.

Sie lässt sich, bildlich gesprochen, mit der Ausbildung eines Ritters vergleichen.
Stellen Sie sich vor, ein König bereist seine Ländereien und erkennt in einem Bauernjungen das Potenzial eines Ritters. Und so bietet er ihm ein Schwert an. Damit beginnt schon die erste „Prüfung": Wird der Junge dieses Schwert annehmen oder nicht? Wenn der zukünftige Ritter sich darauf einlässt, wird der König ihn wahrscheinlich zu einem Holzklotz führen, um daran bestimmte Schlagtechniken auszuprobieren. Damit kommt wiederum eine Lektion auf ihn zu: Wird er sie lernen oder nicht?

So baut eine Aufgabe auf der anderen auf: mit der Zeit wird er an vielfältige Angriffs- und Verteidigungswaffen herangeführt und er erhält eine Rüstung und ein Pferd. Dabei hat er jederzeit die Möglichkeit, sich den verschiedenen „Prüfungen" zu verweigern. Es könnte zum Beispiel sein, dass er begeistert reiten lernt, sich den Lektionen im Umgang mit der Rüstung jedoch verweigert. Dann wird er eines Tages als leichter Kavallerist einsetzbar sein: schnell, aber leicht verwundbar.
Im umgekehrten Fall würde er ein stark gepanzerter Fußsoldat werden, der im Zentrum der Schlachtreihen aufgestellt werden kann: gut gerüstet, aber nicht sehr beweglich.
In jedem Fall entscheidet seine Kooperationsbereitschaft mit darüber, welchen Platz er im königlichen Heer schließlich einnehmen kann und welche Schlachtfelder er betreten darf.
Denn es ist die Liebe des Königs zu Seinen Rittern, die auch verhindert, dass sie in Herausforderungen hineingeschickt werden, auf die sie nicht vorbereitet worden sind.

Allerdings kann es sein, dass in der Schule Gottes manchmal das Gegenteil von dem geschieht, was uns dieser Vergleich erwarten lässt: da, wo wir vielleicht noch voller Selbstvertrauen waren, fangen wir nach einigen Lektionen an, *unserer* Kraft, *unseren* Möglichkeiten oder *unserer* Heiligkeit zu misstrauen. Gleichzeitig aber nimmt unsere Sicht für die Kraft, die Möglichkeiten und die Heiligkeit *Christi* in uns zu!
Möglicherweise verlieren wir zunehmend unsere Eigenmächtigkeit, gewinnen in Christus aber immer mehr Vollmacht.
Johannes der Täufer sagt über Jesus: *„Er muss wachsen, ich aber abnehmen"* (Jh 3,30).
Das Gleiche gilt auf eine gewisse Art auch für uns.
Messen Sie Ihren „Erfolg" in der Schule Gottes also nicht nur daran, wie Sie sich fühlen. Messen Sie ihn daran, ob Christus in Ihnen zunimmt: ob Ihr Vertrauen wächst, ob Sie lernen, stärker mit Ihm zu rechnen, und daran, ob Jesus mehr Gestaltungsfreiraum in Ihrem Leben erhält.
Wir brauchen den richtigen Maßstab! Wenn wir den nicht anlegen, werden wir manchmal den entmutigenden Eindruck haben, wir würden uns im Fitnesscenter Gottes rückwärts entwickeln.

In der Bibel begegnen uns sehr unterschiedliche Prüfungssituationen: Daniels Festhalten an den jüdischen Speisevorschriften am Hof des Königs (vgl. Dan 1,8-16) ist ein Beispiel. Sie zeigte seine Bereitschaft, Konflikte durchzustehen und Gottes Maßstäben treu zu bleiben. Saul hingegen ließ sich in Gilgal von seiner Furcht bestimmen und versagte (vgl. 1 Sam 13, 7b-14). Um eine ähnliche Prüfung ging es auch bei Abraham, als Gott ihm befahl, seinen einzigen Sohn zu opfern (vgl. Gen 22). Samuel wurde ebenfalls geprüft, als er den schweren Auftrag erhielt, seinem „Adoptivvater" Eli eine Gerichtsandrohung Gottes zu überbringen (vgl. 1 Sam 3,10-18).
Es gibt viele verschiedene Felder, auf denen wir Lektionen lernen können, zum Beispiel Lektionen über Eigentum und Geben, Lektionen, Gott bei der Wahl des Ehepartners an die erste Stelle zu setzen, die Bereitschaft, sich von Gott gebrauchen zu lassen, Schuld vergeben zu lernen, eigene Schuld zu bekennen, Unrecht wieder gutzumachen und vieles mehr (vgl. Clinton S. 75).
Normalerweise scheint Gott Seine Lektionen so lange zu wiederholen, bis wir sie „gelernt" haben.

Paulus schreibt über die Diakone: *„Lass sie aber auch zuerst erprobt werden, dann lass sie dienen, wenn sie untadelig sind"* (1 Tim 3,10).
Und über diejenigen, die nach Aufseherdiensten trachten, heißt es: *„(...) – nicht ein Neubekehrter, damit er nicht, aufgebläht, dem Gericht des Teufels verfalle"* (1 Tim 3,6).
Ein Problem des modernen Christentums liegt in der Versuchung, diese weniger produktive – und damit weniger attraktiv scheinende – Phase inneren Wachstums abzukürzen oder zu überspringen, um für das Reich Gottes möglichst schnell „effektiv" zu werden. Paulus warnt davor. Denn dort, wo wir innerlich nicht erfüllt sind von der Güte und Gnade Gottes, wo wir noch überhaupt nicht in unsere Identität als Erbe des Reiches hineingewachsen sind, da stehen wir in der Versuchung, uns mit anderem zu füllen, wie etwa dem Beifall der Menschen. Paulus beschreibt mit dem Begriff „aufgebläht" einen Zustand, der den Blähbäuchen körperlich unterernährter Kinder gleicht: eine „Größe", die genau das vortäuscht, was ihr fehlt, nämlich geistliche Substanz.

Die Entfaltung der Dienstberufung

Der als Nächstes häufig folgende Wegabschnitt ist die Entfaltung einer Dienstberufung. Sie beginnt damit, dass wir irgendeine Art von Tätigkeit oder Dienst übernehmen. Oft geschieht dies ganz unscheinbar durch einen Anstoß von außen, wie zum Beispiel eine Bitte um Hilfe.
Normalerweise nehmen wir intuitiv Aufgaben und Herausforderungen an, die unserer Berufung entsprechen, selbst wenn wir diese noch gar nicht genau benennen können. Und wir fühlen uns intuitiv zu den Menschen mit einer ähnlichen Dienstberufung hingezogen.
Clinton erwähnt, dass wir in dieser Phase der „Dienstreifung“ unsere Gaben und Fähigkeiten kennen lernen und einüben. Erfahrungen mit bisher ungewohnten Aufgaben helfen uns dabei, unsere Motivationsgaben zu entdecken; die zunehmende Ausübung der Gaben bringt zunehmende Effektivität mit sich; die Entdeckung weiterer Motivationsgaben führt im Laufe der Zeit dazu, dass wir eine Gabenkombination erkennen.
Gewöhnlich messen wir in dieser Phase alles an der Entfaltung unseres Dienstes: wenn wir erfolgreich sind, fühlen wir uns bestätigt und berufen – bei Niederlagen und Rückschlägen dagegen fangen wir an, an unserer Berufung zu zweifeln.
Gott jedoch hat neben der Entfaltung unserer Fruchtbarkeit noch ein anderes Ziel: er möchte uns weiterhin in das Ebenbild Jesu umgestalten. Ich habe noch nie erlebt, dass sich jemand auf einen Dienst an anderen eingelassen hätte, ohne selbst dadurch verändert worden zu sein.

Es gibt einen unscheinbaren, aber äußerst wichtigen Schlüssel sowohl zur Entfaltung von Dienstberufungen als auch zu den Prüfungen Gottes: unsere „Treue im Kleinen“.

Treue im Kleinen

Es geht dabei um das natürliche „Wenig-viel-Prinzip“, von dem in der Bibel die Rede ist: *„Über weniges warst du treu, über vieles werde ich dich setzen“* (Mt 25,21.23).

Nach meiner Bekehrung als Teenager hatte jemand den geistlichen Eindruck, Gott wolle mir eine Gabe der Lehre geben. Ich wusste damals gar nicht so genau, was das eigentlich ist, stellte dann aber fest, dass ich manchmal biblische Aussagen verstehen und anderen so erklären konnte, dass sie die auf einmal auch verstanden. Kurze Zeit später kam die Anfrage, ob ich bereit wäre, ab und zu die fünfminütige Andacht in meiner damaligen Jugendgruppe zu übernehmen. Obwohl ich sehr unsicher war und vorher jedes Mal große Angst überwinden musste, tat ich es. Und ich traf im Zuge dessen eine wichtige Entscheidung. Ich sagte zu Gott: „Du bist dafür zuständig, Diensttüren zu öffnen, und ich bin dafür zuständig, durch diese offenen Türen zu gehen. Und egal, welche Türen Du öffnest, ich werde hindurchgehen – ich werde niemals kneifen!"
Auf dieser Grundlage ging ich dann in den folgenden Jahren mit zitternden Knien durch ganz unterschiedliche Türen: manche waren klein und wirkten unscheinbar, manche waren groß und Furcht einflößend, für manche fühlte ich mich zu jung, und für andere fühlte ich mich zu unbedeutend.
Aber Gott war immer treu und hat sich in den letzten 15 Jahren an diese Abmachung gehalten. Er hat einen erfüllenden und gesegneten Dienst wachsen lassen.
Inzwischen sind die zitternden Knie verschwunden. Aber wenn ich vor einer Gruppe von Menschen über „Treue im Kleinen" spreche, sage ich ihnen gerne, ich stünde heute nicht vor ihnen, wenn ich nicht damals angefangen hätte, mit großer Angst die Andachten von fünf Minuten zu übernehmen. Auch dieses Buch wäre nicht entstanden, wenn ich mich damals Gott im Kleinen verweigert hätte.

Allerdings hat Gott möglicherweise ganz andere Vorstellungen von „wenig" und „viel" als wir. Die Entwicklung eines Lehrdienstes eignet sich gut als Beispiel für das Wachstum eines Dienstfeldes.
Vor Gott aber ist „wenig" immer das, was mit wenig Liebe getan, und „viel", was mit viel Liebe vollbracht wurde. Über vieles gesetzt zu werden, kann bei Gott bedeuten, jemanden aus einer weithin anerkannten, ehrenvollen Tätigkeit herauszunehmen (oder niemals in eine solche hineinzuführen!) und ihm ein un-

scheinbares Aufgabenfeld zu übertragen, das zwar den allgemeinen Maßstäben von „viel“ überhaupt nicht gerecht wird, dafür aber viel Frucht an Liebe bringt. Die Berufung zur Elternschaft oder zu einem Dienst der Fürbitte sind entsprechende Beispiele.

Angesichts der Bedeutung von Treue im Kleinen können gerade die vielen harmlos, langweilig oder unwichtig erscheinenden Alltagssituationen unseres Lebens eine immense Bedeutung für Zeit und Ewigkeit erhalten.
Ähnliches gilt für die Zeiten, die unangenehm und schmerzhaft, aber dennoch äußerst wertvoll für Gottes Absichten mit uns sind – für Krisen.

Die Bedeutung von Krisen

„Die meisten angehenden Leiter [und Berufenen] (...) bewerten ihre Produktivität, Aktivitäten, Erfolge, usw. Aber Gott ist in aller Stille und oft auf ungewöhnliche Weise am Werk und versucht dem Leiter [und Berufenen] zu verstehen zu geben, daß man aus seinem Wesen heraus dient. Gott geht es mehr um unser Sein als unser Tun. Wir lernen gern tausenderlei Dinge, weil es so viel zu lernen und zu tun gibt. Doch Er will uns eines lehren, vielleicht auf tausenderlei Weise: ‚Ich gestalte Christus in dir.‘ Das allein wird deinem Dienst Kraft verleihen“ (Clinton S. 32).

Soll Christus in uns Gestalt gewinnen, so müssen wir vom „Bettlerleben“ Abschied nehmen. Übergangszeiten, in denen etwas Altes aufhört, ohne dass wir das Neue schon sehen können, nennt man auch Krisen. Sie sind oft beängstigend und schwer auszuhalten. Manchmal fühlt es sich so an, als würde unser bisheriges Leben zerbrechen oder irgendwie dem Ende zugehen – und eigentlich stimmt das auch! Aber dahinter wartet etwas Neues, etwas Herrlicheres, etwas, das in der Bibel oft als „geläutertes Gold“ bezeichnet wird. Paulus schreibt:
„Denn das schnell vorübergehende Leichte der Drangsal bewirkt in uns ein über die Maßen überreiches, ewiges Gewicht von Herrlichkeit“ (2 Kor 4,17).

Manchmal denken wir in Krisenzeiten, wir hätten etwas falsch gemacht oder Gott würde uns strafen, aber das Gegenteil ist hier der Fall: Sie sind Wegabschnitte, auf denen wir tiefer in Gottes Absichten hineingeführt werden.

Wie können diese Wegabschnitte praktisch aussehen?
Clinton begegnete bei seinen Studien verschiedenen Formen von „Drangsal": einige Menschen erlebten auf ihrem Weg Zeiten räumlicher oder innerlicher *Isolation*, durch die sie von Freunden, Geschwistern oder anderen Menschen getrennt wurden – hervorgerufen zum Beispiel durch Krankheit, Trennung, Umzug, Gefängnis. Andere gingen durch *Konflikte*, die innere Ängste, Mangel an Selbstachtung, Furcht vor Versagen oder Schuld betrafen. Wieder andere erlebten *Sinnkrisen*, in denen Wert und Ziel ihres eigenen Lebens massiv in Frage gestellt wurde (vgl. S. 160-169).
Darüber hinaus gibt es Wegabschnitte, auf denen wir in der Wirksamkeit unserer Gaben und unseres Schaffens eingeschränkt und beschnitten werden. Gott lässt zuweilen eine Erschütterung des Vertrauens in die Effektivität der eigenen Gaben bei denen zu, die diese Gaben bereits seit langem – oft sehr erfolgreich – für Sein Reich eingesetzt haben.
Wenn wir – wie es häufig geschieht – den „Baum" unserer Berufung lediglich auf seine Früchte reduziert haben, wird es uns sehr schwer fallen, solche Zeiten einzuordnen! Denn diese „Wurzelzeiten" zeichnen sich dadurch aus, dass oft keine äußerliche Frucht zu sehen ist.
Wir neigen dann dazu, zu glauben, wir wären aus Gottes Berufung „herausgefallen", anstatt zu erkennen, dass wir durch diese Zeiten tiefer in unsere Berufung hineingeführt werden.
Auch wenn es zunächst vielleicht nach dem Gegenteil aussieht, so entsprechen diese Zeiten der Zusage Jesu, unsere Fruchtbarkeit zu vertiefen:
„Ich bin der wahre Weinstock, und mein Vater ist der Weingärtner. Jede Rebe an mir (...) die Frucht bringt, die reinigt er, dass sie mehr Frucht bringe" (Joh 15,1f).
Wie immer solche Krisen inhaltlich auch aussehen mögen, die Entfaltung ihres Segens ist von unserem Umgang mit ihnen abhängig: Entweder treiben sie uns tiefer in die Gemeinschaft

mit Gott oder von ihm fort. Die Versuchung liegt darin, diese „Wüstenstrecken" vermeiden, abkürzen oder bekämpfen zu wollen – statt sie auszuhalten, auf die Knie zu gehen und zu sagen: „Herr, hier bin ich!" Dann wird Gott uns tiefer begegnen als je zuvor, Seine Herrlichkeit wird mehr Raum bekommen in uns, und wir werden immer mehr einen zentralen Schlüssel zum Reich Gottes erhalten: geöffnete Augen.

c) Die „geöffneten Augen"

Berufung hat immer *ein* Anliegen, nämlich den Bau des Reiches Gottes. Und in dem Maße, wie wir verstehen, *wie* das Reich Gottes gebaut wird, erhalten wir einen tieferen Blick für das Wesen unserer Berufung. Dieser Zusammenhang wird im Folgenden noch klarer werden.

Aber zunächst stellen wir fest, dass Gott auf der Suche ist nach einer bestimmten Gruppe von Menschen: Menschen, die gelernt haben, Gott anzubeten, „im Geist und in der Wahrheit" (vgl. Jh 4,23f). Was bedeutet das?

Wir wissen, dass der Heilige Geist, der den Gläubigen gegeben wurde, auch als „Geist der Wahrheit" bezeichnet wird, der uns „in die ganze Wahrheit" hineinnehmen soll (vgl. Jh 16,13).

Ich denke, die Wahrheit über eine Situation ist das, was Gott sieht, wenn *Er* diese Situation anschaut. Wenn wir uns also „in der Wahrheit" bewegen, dann bedeutet es, dass wir das Gleiche sehen wie Gott – und auf dieser Grundlage denken, fühlen, anbeten und handeln können.

Die Bedeutung von Wahrheit

Es gibt eine spannende (und lustige) Geschichte im Alten Testament, die eindrucksvoll die Bedeutung der Wahrheit über eine Situation darstellt. Hintergrund dieser Begebenheit sind die Kriegsabsichten der Aramäer gegen Israel, die von dem Propheten Elisa immer wieder vereitelt wurden. Aus diesem Grund schickt der König von Aram seine Truppen los, um gegen Elisa vorzugehen:

„Da sandte er (der König von Aram) Pferde und Kriegswagen dorthin und ein starkes Heer. Und sie kamen bei Nacht und umringten die Stadt.
Und als der Diener des Mannes Gottes (Gehasi) früh aufstand und hinausging, siehe, da umringte ein Heer die Stadt, und Pferde und Kriegswagen. Und sein Diener sagte zu ihm (Elisa): Ach, mein Herr! Was sollen wir tun? Er aber sagte: Fürchte dich nicht! Denn zahlreicher sind die, die bei uns sind, als die, die bei ihnen sind.
Und Elisa betete und sagte: HERR, öffne doch seine Augen, dass er sieht! Da öffnete der HERR die Augen des Dieners, und er sah. Und siehe, der Berg war voll von feurigen Pferden und Kriegswagen um Elisa herum.
Und sie (die feindlichen Heerscharen) kamen zu ihm herab. Und Elisa betete zu dem HERRN und sagte: Schlag doch diese Kriegsschar mit Blindheit! Da schlug er sie mit Blindheit nach dem Wort des Elisa. Und Elisa sagte zu ihnen: Dies ist nicht der Weg und dies nicht die Stadt. Folgt mir! Ich will euch zu dem Mann führen, den ihr sucht. Und er führte sie nach Samaria.
Und es geschah, als sie nach Samaria gekommen waren, da sagte Elisa: HERR, öffne die Augen dieser [Männer], dass sie sehen! Da öffnete der HERR ihre Augen, und sie sahen. Und siehe, [sie waren] mitten in Samaria.
Und der König von Israel sagte zu Elisa, als er sie sah: Soll ich losschlagen, soll ich losschlagen, mein Vater? Er aber sagte: Du sollst nicht schlagen! Würdest du [etwa] die erschlagen, die du mit deinem Schwert und mit deinem Bogen gefangen genommen hast? Setze ihnen Brot und Wasser vor, dass sie essen und trinken und [dann] zu ihrem Herrn ziehen!
Und er richtete ein großes Festmahl für sie aus, und sie aßen und tranken. Dann entließ er sie, und sie zogen zu ihrem Herrn. Und die Streifscharen Arams kamen fortan nicht mehr in das Land Israel“ (2 Kön 6,14-23).

Wir sind hier Zeugen eines der barmherzigsten und humorvollsten Siege im ganzen Alten Testament. Was aber ist die Grundlage dieses Sieges? Es sind „geöffnete Augen“, um zu sehen.
Wir begegnen hier zwei Männern: Elisa und Gehasi. Elisa steht im Angesicht der Bedrohung auf einem Fundament von Wahr-

heit: er sieht, was Gott sieht. Er sieht, dass die, die mit ihm sind, viel mehr sind als die, die gegen ihn sind. Er ruht im vorbereiteten Sieg Gottes. Und auf dieser Grundlage kann er dem Feind mit großem Frieden und großer Vollmacht gegenübertreten.
Anders zunächst Gehasi: ihm fehlt diese Grundlage, er ist geistlich blind.
Welche Möglichkeiten hätte er in diesem Zustand gehabt? Nun, er hätte sich verstecken können, in der Hoffnung, vom Feind nicht gefunden zu werden; er hätte ein Schwert nehmen und in eine völlig aussichtslose Konfrontation gehen können; er hätte sogar auf die Knie gehen und Gott bitten können, Hilfe zu schicken – ohne zu verstehen, das diese Hilfe schon längst da war!
Was immer er auch getan hätte – ohne das Fundament der Wahrheit hätte ihm jegliche Grundlage zu einer siegreichen Auseinandersetzung gefehlt.
Und so betet Elisa zunächst nicht um Veränderung der Situation, sondern um den Schlüssel zur Wahrheit Gottes über dieser Situation – um „geöffnete Augen".
Wir kommen anhand dieser Geschichte mit einer wichtigen geistlichen Reihenfolge für den Bau des Reiches Gottes in Berührung: erst kommt Wahrheit, dann kommt Veränderung!
Oft machen wir es verkehrt herum: wir suchen in schmerzhaften, bedrohlichen oder unangenehmen Situationen intuitiv nach Veränderung. Und je mehr wir darum kämpfen, umso schlimmer scheint alles zu werden. Kennen Sie das? Das mag daran liegen, dass wir versuchen, den zweiten Schritt vor dem ersten zu gehen. Und so stolpern wir in Blindheit herum, verwunden uns und andere, machen geistliche Luftschläge und werden immer frustrierter.
Aber *erst* kommt Wahrheit, dann erst Veränderung!
Weil dieser Schlüssel zum Bau des Reiches Gottes so wichtig ist, betet viele hundert Jahre später auch Paulus darum:

„Er (der Geist der Weisheit und Offenbarung) erleuchte die Augen eures Herzens, damit ihr wisst, was die Hoffnung seiner Berufung, was der Reichtum der Herrlichkeit seines Erbes in den Heiligen und was die überschwängliche Größe seiner Kraft an uns, den Glaubenden, ist, nach der Wirksamkeit der Macht seiner Stärke" (Eph 1,18f).

Paulus betet hier weder darum, dass die Herrlichkeit der Gläubigen kommen möge, noch um die Kraft Gottes; einige Verse weiter betet er auch nicht um die Liebe Gottes: Diese Bestandteile des Reiches Gottes sind schon längst da!
Er betet darum, dass die Epheser die Realität dieser Dinge sehen, sich ihr anvertrauen und dieser Realität Raum geben mögen.
Und wie ein Baum Wasser, Dünger und Sonne braucht, so lebt auch die Entfaltung unserer Berufung von dieser Offenbarung der lebendigen Wahrheiten Gottes.

Fünf Schlachtfelder

Ich möchte mit Ihnen im Folgenden ein paar Schlachtfelder anschauen, für die wir geöffnete Augen brauchen.

Das erste und wichtigste Schlachtfeld, auf dem der Krieg zwischen Wahrheit und Lüge ausgetragen wird, ist der Kampf um unsere Sicht von Gott.
Geistliches Wachstum besteht in erster Linie darin, Gott kennen zu lernen. Mit der zunehmenden Erkenntnis dessen, wer ER wirklich ist, erhalten wir eine Grundlage für den Sieg auf allen anderen Schlachtfeldern: wir verstehen, wer *wir* wirklich sind und wer der Nächste ist; wir erhalten eine angemessene Sicht für den Sieg über den Feind und eine Sicht für die vorbereiteten Werke Gottes.

Das zweite Schlachtfeld haben wir im ersten Kapitel bereits ausführlich betreten: es ist der Kampf um geöffnete Augen für die Wahrheit über uns selbst.
Und auch anhand der Geschichte vom bettelnden Königssohn sind wir mit der Reihenfolge für den Bau des Reiches Gottes in Berührung gekommen: erst kommt Wahrheit über uns, dann kommt Veränderung!

Das dritte Schlachtfeld ist die Sicht für andere Menschen.
Denn das, was wir innerlich sehen, wenn wir einen Menschen anschauen, hat viel mehr Kraft und übt viel mehr Einfluss aus als das, was wir tun oder sagen. Denn unser Verhalten wird aus

unserer Sicht für den anderen geboren und es wird zum Positiven wie zum Negativen von dieser Sicht gefärbt. Und schließlich wird im anderen das hervorgerufen, was wir zu sehen meinen.
Obwohl sie schon einige Jahre zurückliegt, erinnere ich mich noch gut an eine kurze Begegnung, bei der ich mit dieser Dynamik besonders eindrücklich in Berührung kam. Ich stand damals an einem Hauptbahnhof und wartete auf den Zug, als ein Bettler den Bahnsteig entlang ging, den Menschen einen Plastikbecher entgegenhielt und sie um eine Mark bat. Den meisten schien die Begegnung mit ihm nicht besonders angenehm zu sein, aber als er mir schließlich seinen Becher entgegenstreckte, sah ich auf einmal, wie jung er war, und irgendetwas in mir wollte mit ihm ins Gespräch kommen. Und so stellte ich ihm die erste, etwas dumme Frage, die mir in den Sinn kam: „Warum willst du denn nur eine Mark haben, warum denn nicht mehr?" Etwas verunsichert erzählte er, dass er sich nicht traute, um mehr zu bitten. Und als ich ihn so anblickte, hatte ich plötzlich das Gefühl, vor mir stand nicht ein Bettler, sondern mein Bruder! Für den Bruchteil einer Sekunde waren alle Unterschiede zwischen uns verschwunden und ich wusste, wenn die Weichenstellungen seines Lebens und meines Lebens etwas anders verlaufen wären, dass wir hier auch wieder stehen würden: aber dann hätte *ich* den Becher in der Hand und würde *ihn* um eine Mark bitten.
Ich weiß nicht mehr genau, worüber wir uns dann unterhalten haben, aber er wurde von irgendetwas so tief berührt, dass er, als mein Zug wenige Minuten später anfuhr, noch ein Stück auf dem Bahnsteig neben meinem Fenster herlief und mir zu meiner völligen Verblüffung nachrief: „Ich werde für dich beten!" Er hatte sich von einem Bettler, der etwas haben wollte, in einen Menschen verwandelt, der etwas *geben* wollte. Wie war das geschehen?
Ich denke, es hat mit der prägenden Kraft dessen zu tun, was wir im anderen sehen. Ich hätte meinem „Bruder" zum Abschied gerne nicht nur eine, sondern zwanzig Mark gegeben. Aber etwas in mir wusste, dass er durch dieses Geschenk des Mitleids wahrscheinlich wieder zu einem Bettler gemacht worden wäre. Ich hätte ihn großmütig wieder in den Graben gestoßen, aus dem er innerlich gerade ein bisschen herausgekommen war.

Ein ganz zentraler Bestandteil unserer Berufung besteht ja darin, anderen Menschen „im Geist und in der Wahrheit“ zu begegnen – ihnen so zu begegnen, wie es dem Herzen Jesu entspricht.

Jedes Mal, wenn die Wahrheit auf dem zweiten Schlachtfeld siegt, erhalten wir damit eine Grundlage, um auch auf diesem dritten Schlachtfeld zu siegen. Denn dort, wo wir etwas an Wahrheit über uns selbst begreifen, fällt es uns viel leichter, diese Wahrheit auch im Leben anderer Menschen zu sehen. Und dort, wo wir etwas von unserem Erbe als Söhne und Töchter des Königs ergreifen, können wir anderen bettelnden Königssöhnen und -töchtern viel besser in ihrem Kampf um ihr Erbe beistehen.
Das Erstaunliche ist: je tiefer wir in der Kindschaft Gottes zur Ruhe gekommen sind, desto bessere königliche Diener werden wir! Auch hier stoßen wir auf eine wichtige Reihenfolge für den Bau des Reiches Gottes: erst kommt Kindschaft, dann kommt Dienst! Denn wir können nur das weitergeben, was wir empfangen haben.

Das vierte Schlachtfeld ist unsere Sicht für den Feind.
Israels Erbe, das gelobte Land, war ein herrliches Land, in dem Milch und Honig floss. Aber es war auch das Land der „Riesen“ (vgl. Num 13,27ff).
Unser Erbe ist herrlich und wunderbar. Aber auch wir werden mit „Riesen“ in Berührung kommen, wenn wir darauf zugehen. Tatsächlich scheint dieses Land umso stärker bewacht zu sein, je reicher es ist.
Der Riese, dem die meisten Menschen wohl am häufigsten begegnen, ist die Angst. Sie hat viele Gesichter: Angst vor Versagen, finanziellen Problemen, Ablehnung … Der Riese „Angst“ lebt davon, dass man sich von ihm fernhält. Seine Lieblingswaffe sind Drohungen, mit denen er, um sich selbst zu erhalten, genau das zu bewirken sucht. Oft schützt er sich zusätzlich durch die Angst vor der Angst. Denn normalerweise schrumpft er in dem Maße, wie wir auf ihn zugehen, um sich schließlich in Luft aufzulösen.

Es gibt noch andere Riesen. Ihnen allen ist gemeinsam, dass sie Widerstand leisten werden, um ihre geraubte Beute zu verteidigen.
Auch hier brauchen wir den Schlüssel der geöffneten Augen, denn ohne eine angemessene Sicht fangen wir an, den Gegner zu unter- oder zu überschätzen. Dort, wo wir Satan für schwächer halten, als er ist (bis zur Leugnung seiner Existenz), werden wir uns weder vorbereiten noch schützen. Wir werden den Angriffen ausgeliefert sein und sie dem einzigen zuschreiben, der dann noch für uns sichtbar ist – Gott! Wo wir Satan hingegen überschätzen (bis dahin, dass er gesehen wird, wo er gar nicht ist), werden wir anfangen, blinde und uneffektive Luftschläge durchzuführen oder uns von Einschüchterung und Angst lähmen zu lassen. Während der Feind beide Fehlhaltungen liebt und fördert, führt uns der Heilige Geist auch hier „in die Wahrheit".
Geistlicher Kampf beginnt also nicht in dem Moment, wo wir dem Feind auf dem Schlachtfeld gegenübertreten, sondern bereits im Vorfeld in unseren Gedanken – mit dem Kampf um die innere Sicht für dieses Schlachtfeld. Hier finden Sieg oder Niederlage ihren wahren Anfang.

Das fünfte Schlachtfeld betrifft die Sicht für die von Gott vorbereiteten Werke.
Ich erinnere mich noch an eine Party an einem Sonntagabend. Ein Geschäftsmann sprach mich an und erzählte mir, dass er vor über achtzehn Jahren ein Unrecht begangen hatte, von dem seine Frau sich geschworen hatte lieber zu sterben, als ihm das zu vergeben. Er seinerseits hatte über fast zwei Jahrzehnte alles versucht, sie zur Vergebung zu bewegen, aber ihre Bitterkeit war nur gewachsen. Vor diesem Hintergrund bat er mich, für ihn und seine Ehe zu beten. Und so begaben wir uns ins Schlafzimmer des Gastgebers. Allerdings hatte ich absolut keine Ahnung, was oder wofür ich in dieser Situation hätte beten können. Ein Gefühl von Ohnmacht kam.
Und so suchten wir erst einmal Gott und fragten Ihn, ob Er irgendetwas vorbereitet habe. Der Eindruck kam, dass dieser Mann über die Jahre versucht hatte, seine Frau einen Weg zu tragen, den sie nur selbst hätte gehen können, und dass Gott ihn

einlud, diese Last vor seinem Thron niederzulegen. Und ich sah, dass Gott in dem Moment, wo dies geschehen würde, aufstehen und wie der Wind diese Tausende von goldenen Stufen herunterlaufen würde, um Seinen Arm um die Schultern dieser Frau zu legen und ihr dunkles und verbittertes Herz zu berühren.
Der Geschäftsmann folgte der Einladung und übergab „seine" Frau an Gott. Ein Friede kam und wir gingen zurück auf die Party.
Als ich ihn drei Tage später zufällig auf der Straße traf, erzählte er mir, seine Frau – die sich zu der Zeit etwa fünfhundert Kilometer entfernt in einer ganz anderen Stadt aufhielt – habe ihn montagmorgens angerufen, um ihm zu erzählen, dass Gott ihr Herz am Sonntagabend so stark berührt hatte, dass sie ihm vergeben wollte!
Und so hatten wir genau das geerntet, was Gott vorbereitet hatte: Heilung und Vergebung.
Auch auf diesem Schlachtfeld der vorbereiteten Werke gilt die Reihenfolge: erst kommt Wahrheit (oder Offenbarung), dann Veränderung!

Wahrscheinlich werden wir in diesem Zusammenhang feststellen, dass wir normalerweise nicht so sehr wie Elisa durch unser Leben laufen, sondern eher wie Gehasi, nämlich geistlich blind!
Jesus vergleicht uns deshalb immer wieder mit Schafen. Schafe zeichnen sich dadurch aus, dass ihnen jeglicher Sinn für Orientierung fehlt. Und genau das scheint auf uns gegenüber der unsichtbaren Welt zuzutreffen. Deshalb brauchen wir die Leitung durch den Heiligen Geist. Denn Er ist der Einzige, der uns in alle Wahrheit leitet (vgl. Jh 16,13).

Der Ruf an den gedeckten Tisch

Wir können anhand der fünf Schlachtfelder feststellen, dass Gott im Angesicht von Problemen, Schwierigkeiten oder Widerstand etwas Erstaunliches tut: Er deckt uns im Angesicht dieser „Feinde" einen Tisch (vgl. Ps 23,5)!
Während wir oft instinktiv anfangen, uns mit den Widrigkeiten – ob auf materieller, geistlicher, gesundheitlicher oder sozialer

Ebene – auseinander zu setzen und aktiv zu werden in der Hoffnung, sie zu besiegen oder zu beseitigen, tut Gott das Gegenteil: er lädt uns ein, uns im Angesicht der Feinde zu setzen! Watchman Nee schreibt:

„‚Sitzen' ist eine Ruhestellung. Es ist etwas erledigt, die Arbeit hat aufgehört, und wir ruhen. So widersinnig es klingen mag, so ist es dennoch wahr, dass wir im Christenleben nur dann vorwärts kommen, wenn wir in erster Linie lernen, uns zu setzen". (S. 11)

Je schwerer uns das fällt, umso wichtiger ist es! Denn an diesem Tisch finden wir die Gegenwart Jesu, Seinen Frieden und Seine lebendige Wahrheit. In dieser Position können wir den wirklichen Feind auf einmal viel klarer erkennen, und wir erhalten Waffen, die die Macht haben, den Feind sofort in die Flucht zu schlagen.
Kurz: der gedeckte Tisch ist ein Ort der Wahrheit, des Friedens und der Vollmacht – es ist der Ort, an dem wir geöffnete Augen erhalten. Es ist gleichzeitig der Ort, an dem unsere „Feinde" ihre Niederlage erleiden und den sie am meisten fürchten. Und so tun sie alles, um zu verhindern, dass wir dort zur Ruhe kommen: sie rufen uns, sie fordern uns zum Kampf heraus und sie beschäftigen uns.
Wenn ihnen das gelingt, können wir noch so leidenschaftlich gegen sie kämpfen, die Feinde werden nur noch stärker. Haben Sie es beispielsweise jemals geschafft, Sorgen kleiner „zu sorgen"? Oder sich „auszusorgen"? Nein? Wahrscheinlich ist oft das Gegenteil geschehen: je stärker wir gegen sie gekämpft haben, umso größer sind die Sorgen geworden.

Hier kommen wir mit dem Kernstück von dem in Berührung, was wir „stille Zeit" nennen. Sie ist nicht in erster Linie dazu da, um in der Bibel zu lesen, Fürbitte zu tun oder Gott etwas zu erzählen. Sie ist dazu da, um am gedeckten Tisch Gottes zu Ruhe zu kommen; sie ist dazu da, um geöffnete Augen zu erhalten. Henry Nouwen schreibt:

„Gebet bedeutet zuerst auf Gott zu hören, der uns Geliebte nennt. Auf Gott hören – darum geht es beim Gebet. Gebet ist eine Form von Gehorsam, bedeutet „hörsam" sein, hören auf. Im Englischen heißt Gehorsam „obedience", und das kommt vom lateinischen „audire", was wiederum „zuhören" bedeutet. „Obaudiere" bedeutet, mit großer Aufmerksamkeit zuhören. Gehorsam heißt also im Grunde nicht, zu tun, was irgend jemand uns aufträgt, sondern sehr aufmerksam zuzuhören. Jesus war gehorsam gegenüber Gott, das heißt, er hörte mit großer Aufmerksamkeit darauf, was Gott sagte. Und Gott sagte immer wieder: „Du bist mein Geliebter. Vergiß das nicht! Denn wenn du das vergißt, wirst du von der Welt aufgesaugt und zerstört." (Nouwen S. 6)

Der Schlüssel zu diesem Weg des „Gehorsams" ist etwas, das Henry Nouwen als „Disziplin" bezeichnet:

„Disziplin bedeutet, Raum offen zu lassen. Alles, was im geistlichen Leben mit den Disziplinen zu tun hat, ist dazu da, zu verhindern, daß jeder freie Platz besetzt wird – so daß man nicht länger damit in Berührung sein kann, wer man wirklich ist. Mangelnder Raum für die Stimme, die einen den Geliebten nennt. Daß man dem nicht wirklich folgen kann, der sagt: ‚Komm und folge mir nach!' Daß man nicht wirklich für die Leute sorgen kann, die einem anvertraut sind. Irgendwie sind wir zu beschäftigt und zu sehr in Gedanken vertieft.
Wenn ich also über Disziplinen schreibe, schreibe ich von dem konzentrierten Bemühen, leeren Raum leer zu lassen, so daß Gott zu mir reden, mich rufen, in mir handeln kann und sein Geist sich bewegen kann bei mir." (Nouwen S. 5)

Wenn wir bereit sind, uns darauf einzulassen, werden wir immer mehr „im Geist und in der Wahrheit" anbeten, fürbitten, reden und handeln, und wir gelangen in das Zentrum unserer Berufung.

d) Entscheidungsvollmacht

Wir kommen jetzt zu einem sehr wichtigen formellen Aspekt unseres Berufungsweges.
Denken Sie mal kurz darüber nach: Wie stellen Sie sich den Plan Gottes für Ihr Leben vor? Ist er bereits in allen Einzelheiten von Gott festgelegt worden oder noch völlig offen? Müssen wir herausfinden, was Gott von uns möchte, und dann gehorchen, oder wartet Gott lediglich auf unsere eigenen Entscheidungen?
Dies sind wichtige Fragen. Die Antworten darauf entscheiden, *was* und *wie* wir nach dem Plan Gottes für unser Leben suchen werden – und welche Rolle wir eigenen kreativen Entscheidungen beimessen werden.
Bevor wir uns aber der gesunden „Entscheidungsvollmacht" widmen – also der Fähigkeit, Entscheidungen im Sinne Gottes zu treffen –, werden wir uns zunächst anschauen, nach welchen beiden Seiten wir hier „vom Pferd fallen" können. Und wir werden die beiden Extreme, denen wir begegnen, als „Marionetten" und „Rebellen" bezeichnen.

Marionetten und Rebellen

Auf der linken Seite des „Pferdes" finden wir die „Marionetten". Marionetten gehen davon aus, der Plan Gottes für ihr Leben sei bereits völlig festgelegt. Sie stellen ihn sich häufig wie einen dünnen roten Faden vor, den sie suchen und finden müssen – und auf dem sie dann balancieren sollen wie auf einem Drahtseil.
Sie glauben, ihr eigener Wille und eigene Entscheidungen spielten keine Rolle für das Reich Gottes, oder seien vielleicht sogar gefährlich – Gehorsam sei genug. Sie werden in der Bibel auch Hinweise finden, die für ihre Überzeugung sprechen, etwa am Beispiel Jonas, für den es keine Alternative zum Auftrag Gottes gab – außer dem Tod.
Und genau davor haben sie Angst. Es ist die Angst, durch einen Fehltritt oder einen Irrtum aus dem Plan und der Hand Gottes herauszufallen – und damit aus Seinem Segen, Seinem Schutz und vielleicht aus Seiner Liebe. Es ist eigentlich die Angst davor, verloren zu gehen – zu sterben.

Und aus diesem Grund gehen sie gerne den Situationen aus dem Weg, in denen sie einen falschen Schritt machen könnten: sie vermeiden Verantwortung, Eigeninitiative und selbständige Entscheidungen, kurz alles, was dazu führen könnte, dass sie einen Fehler auf dem Drahtseil machen. Denn ein Fehler auf einem Drahtseil bedeutet den Tod.

Aus diesem Grund fühlen sich Marionetten nur dort sicher, wo ihnen klar ist, was von Gott her „dran" ist. Ihre Arbeitsfrage ist die Frage: „Was soll ich tun?"
Ich erinnere mich noch gut: Wir hatten im Studium der Christlichen Psychologie gerade gelernt, die Impulse des Heiligen Geistes wahrzunehmen, als ich kurz darauf eine Studienkollegin tief versunken vor dem Nudelregal eines Supermarkts stehen sah. Als ich sie ansprach, sagte sie: „Stör mich nicht, ich frage gerade Gott, welche Nudelsorte ich kaufen soll!"
Es spricht überhaupt nichts dagegen, Jesus immer mehr in alle Einzelheiten des Alltags mit hineinzunehmen. Aber es ist kein Zeichen von geistlicher Reife oder Mündigkeit, wenn wir alltägliche Entscheidungen, die Gott uns vielleicht schon jahrelang zugetraut hat, auf einmal nicht mehr treffen können.
Obwohl Marionetten so viel Wert auf Unterordnung und Gehorsam legen, verweigern sie beides immer dann, wenn Gott sie auffordert: „Entscheide selbst!" Sie fragen dann oft (etwas verzweifelt): „Ja, aber für welche der verschiedenen Möglichkeiten soll ich mich denn entscheiden?"
Wenn ihnen darauf niemand eine Antwort gibt, sind sie durch diese Entscheidungsfreiheit in der Regel so verunsichert, dass sie handlungsunfähig werden. Und so leben sie aus Angst vor Fehlern häufig in einem der größten Fehler, den es gibt: Sie tun gar nichts.

Wie werden Menschen zu Marionetten? Ich vermute, indem sie immer wieder erlebt haben, dass ihrem Wollen und Wünschen keine Bedeutung beigemessen wurde; indem ihnen oft schon sehr früh nahe gelegt wurde, ihren Weg an etablierte Gegebenheiten anzupassen und „gut" zu funktionieren; indem sie auf ausgetrampelte Wege eingeschworen wurden, die vor ihnen unzählige andere sicher und „erfolgreich" gegangen sind; indem die Wünsche und Persönlichkeitszüge, die davon abwichen, unterdrückt wurden. So wurden sie zu Marionetten. Obwohl sie auf diese Art vor dem Risiko des Lebens bewahrt werden sollten, wurde es ihnen gleichzeitig immer schwerer gemacht, ihren eigenen Lebensweg zu finden, weil sie sich dabei selbst verlieren.

„Die ersten Erfahrungen mit dem Konflikt zwischen dem eigenen Wollen und dem Willen eines anderen haben wir als kleine Kinder gemacht. Sie haben unser späteres Konfliktverhalten vorgeprägt. Für manche Menschen waren diese Ersterfahrungen schmerzlich. Sie waren so schmerzlich, daß eine panische Angst mit ins Leben genommen wurde, daß sich dieselben Erfahrungen wiederholen könnten. Instinktiv wurde eine neue Strategie entworfen, die den Konflikt zwischen eigenem und fremdem Wollen vermeidet. Wie kann das geschehen? Eine Weise ist, auf das eigene Wollen und Wünschen zu verzichten. Man „weiß“ dann nicht mehr, was man will. Auf diese Weise entgeht man dem Schmerz, der dann entsteht, wenn ein geäußerter Wunsch nicht erfüllt, ein eingebrachter Vorschlag abgelehnt, ein gezeigtes Bedürfnis übergangen und einer vorgetragenen Meinung die Zustimmung verweigert wird. Diese Strategie versucht das Problem dadurch zu bewältigen, daß sie es erst gar nicht entstehen läßt. Sie nimmt die Lösung sozusagen vorweg. Um dem von außen, von anderen durch ihr Nein zugefügten Schmerz zu entgehen, fügt man sich selbst Schmerz zu, indem man sich selbst das Nein sagt“ (Lefrank).

Es kam einmal ein von seinem Beruf wenig begeisterter Mann zu einem Gespräch in mein Büro und erzählte mir, er wisse nicht, ob er in seinem alten Beruf bleiben solle oder nicht, und er wisse auch nicht, ob er eine neue Ausbildung anfangen solle, und schon gar nicht, welche; und in all dem wisse er noch nicht einmal, ob er an dem angebotenen Seminar über Berufung teilnehmen solle oder nicht. Mit anderen Worten: Er wusste überhaupt nicht, was er *sollte* – und schon gar nicht, was er *wollte.*

Im Verlauf des Gesprächs stellte es sich heraus, dass sein Vater ihm von Kindesbeinen an gesagt hatte, was er zu tun und zu

lassen hatte. Oft wurde sein Wille durch den stärkeren Willen seines Vaters regelrecht gebrochen.
Uns so saß ein Mann vor mir, der den Mut und die Freiheit zu wünschen verloren hatte. Sein Herz wurde unter einem Berg von äußeren Ansprüchen und fremden Wünschen regelrecht begraben. Er war zu einer Marionette geworden.

Es gibt noch andere Möglichkeiten, wie wir den Kontakt zu uns selbst verlieren können. Ich erinnere mich an eine junge Frau, die eine Ausbildung bei der Polizei und kurz danach ein Medizinstudium angefangen und wieder abgebrochen hatte. Auch schien sie keinen Zugang zu ihren Gefühlen zu haben. Es stellte sich heraus, dass sie als kleines Mädchen ihren Vater tot aufgefunden hatte, nachdem er Selbstmord begangen hatte. Und sie hatte sich entschieden, stark zu sein und ihre Familie zu stützen. So hatte sie angefangen zu funktionieren, aber ihr Herz war verschlossen worden.
Als Gott begann, es liebevoll zu berühren und wieder aufzuschließen, kam als erstes viel Schmerz und Trauer hoch. Aber mit den Wochen und Monaten kam sie auch mit den anderen Herzensinhalten wieder in Berührung: mit ihrem Wollen und Wünschen! Und sie bekam eine Ahnung, in welche Richtung sie beruflich gehen wollte.

Auf der anderen Seite treffen wir die Rebellen. Sie würden sich vielleicht eher als „Partner Gottes“ bezeichnen und halten seinen Plan für grenzenlos offen. Auch sie finden biblische Unterstützung für ihre Sicht, etwa in den Berichten, nach denen Gott Seine Pläne den Wünschen von Menschen anpasst (vgl. Gen 18,16-33; Ex 32,9-14).

Rebellen haben Angst vor dem, was das Leben der Marionette kennzeichnet: Vereinnahmung, Entmündigung und Infantilität. Sie fürchten Situationen, in denen jemand ihnen sagt, was sie zu tun und was sie zu lassen haben. Ist dies der Fall, fühlt sich der Rebell durch den Willen des anderen wie in eine Zwangsjacke gesteckt – und versucht auszubrechen, bevor er darin erstickt. Er weiß in der Regel, was er *nicht* will. Er liebt seine Freiheit über alles.

Diese Haltung führt ihn immer dort in Rebellion, wo der Wille Gottes diese Freiheit bedroht. Dabei merkt er gar nicht, wie er in der Rebellion genau die Freiheit verliert, die er zu verteidigen hoffte.

Einige Rebellen haben in ihrer Vergangenheit so wenig Grenzen kennen gelernt, dass jede Einschränkung als Zumutung empfunden wird. Häufiger aber haben sie ähnlich enge Grenzen erlebt wie die Marionetten, statt sich jedoch darunter zu beugen, diesen Grenzen den Kampf angesagt.

Das „Kinderzimmer Gottes"

Gott sucht weder Marionetten noch Rebellen – er sucht Kinder. Und so ist auch Sein Plan für uns weder auf Marionetten noch auf Rebellen zugeschnitten, sondern auf Söhne und Töchter. Dieser Plan schließt Grenzen und Entscheidungsfreiräume ein. Er gleicht weder einem Drahtseil noch einem Raum ohne Grenzen, sondern eher dem Zimmer eines kleinen Kindes. Liebevolle Eltern kämen nie auf die Idee, die Grenzen aufzuheben, etwa ihre kleinen Kinder unbeaufsichtigt aus der Tür krabbeln oder aus dem Fenster des Zimmers auf die Straße fallen zu lassen.
Darüber hinaus gibt es auch immer wieder Zeiten, in denen das Kind zum Beispiel ins Bett muss – unabhängig davon, ob es gerade will oder nicht. In diesen Zeiten wird die Entscheidungsfreiheit ziemlich schmal.
Andererseits aber kämen gute Eltern genauso wenig auf den Gedanken, die kindliche Entscheidungsfreiheit innerhalb des Zimmers völlig aufzuheben und dem Kind eine To-Do-Liste mitzugeben, auf der steht, wann, wie lange und in welcher Reihenfolge es mit den einzelnen Spielsachen zu spielen hat: „Erst gehst du zu den Bauklötzen und baust nach diesem Plan folgendes Gebäude, dann stellst du die Playmobilmännchen in einer bestimmten Anordnung auf und wiegst anschließend die Puppe im Arm, während du ihr folgendes Lied singst …"

Das Kind kann seinen Entscheidungsfreiraum deshalb auch vorbehaltlos nutzen und sich darin austoben, weil es weder Angst davor haben muss, aus Versehen aus dem Willen der Eltern zu fallen, noch davor, durch den Willen der Eltern stranguliert zu werden.

Das Doppelgebot der Liebe (vgl. Mt 22,37-39 parr) stellt einen übergeordneten Rahmen dar, in den unsere einzelnen Entscheidungsräume von Gott gestellt wurden – und ist damit das wohl umfassendste Beispiel für ein „Kinderzimmer Gottes".
Liebe ist *die* Grundlage von Berufung. Dies wird sich niemals ändern. Tatsächlich zieht Gott es vor zu sterben – wie er es in Jesus bereits getan hat –, als von dieser Grundlage Abstriche zu machen. Er würde Alternativen niemals akzeptieren.
Andererseits lässt dieses „Kinderzimmer" auch große Freiheit zu, denn Gott hat nirgendwo in allen Einzelheiten festgelegt, wie es aussieht, diesen Nächsten, mit dem wir es gerade zu tun haben, zu lieben! In der Regel wird er es unserer freien Entscheidung und Kreativität überlassen, in welcher Form wir dies tun.
Was würde von der Romantik eines Liebespaares übrig bleiben, wenn Gott die Gestaltung ihrer gemeinsamen Zeit nach Form und Inhalt festschreiben würde?
Würde es ihre Liebe vertiefen, wenn sie wüssten, dass sie sich erst zwei Minuten tief in die Augen zu schauen, dann fünf Minuten schweigend an den Händen zu halten und schließlich bestimmte Sätze in einer bestimmten Reihenfolge auszutauschen hätten? Natürlich nicht!
Dennoch gleichen wir solchen Menschen überall dort, wo wir gesetzlich werden und dabei die Freiheit der Liebe verlieren. Die Stille Zeit zum Beispiel büßt häufig in dem Maße ihr Leben ein, wie sie anfängt, lediglich einem Regelwerk zu entsprechen. Häufig zerrinnt uns die erste Liebe regelrecht unter den Händen, während wir verschiedene Programmpunkte wie Bibellesen und Lobpreis abarbeiten.

Wo die Freiheit der Liebe aufgehoben wird, kostet es früher oder später die Liebe selbst. Augustinus schreibt über die Freiheit und die Grenzen des „Kinderzimmers" der Liebe:

„Nur von der Wurzel der Liebe her unterscheidet sich das Tun der Menschen. Denn vieles kann geschehen, das den Schein

des Guten trägt, und doch nicht aus der Wurzel der Liebe hervorgeht. Denn auch die Dornen haben Blüten. Manches sieht hart aus, scheint unfreundlich; doch es geschieht zur Erziehung unter dem Gebot der Liebe. Ein für allemal erhältst du darum dieses kurze Gebot: Liebe, und was du willst, das tu! Schweigst du, so schweig in Liebe; wirst du laut, tu es in Liebe; weisest du zurecht, weise zurecht in Liebe; übst du Nachsicht, tu es in Liebe. Laß die Wurzel der Liebe in deinem Inneren verbleiben: Aus dieser Wurzel kann nur Gutes aufwachsen" (Augustinus S. 120).

Korrigierbarkeit und Entschlossenheit

Um das „Kinderzimmer Gottes" einzunehmen, braucht es zweierlei: Korrigierbarkeit und Entschlossenheit.

Korrigierbarkeit ist die Stärke der Marionette. Sie ist sensibel und leitbar und hat es gelernt, nach dem Willen des Vaters zu fragen, auf Ihn zu warten und Ihm zu gehorchen. Sie ist ein wunderbarer Diener. Sie stellt uns die Notwendigkeit vor Augen, die eigene Freiheit, die eigenen Pläne und Träume loszulassen, um auf der Suche nach Gottes Ruf vom alten Leben Abschied zu nehmen.
Aber Korrigierbarkeit allein bringt einen Menschen noch nicht weiter; sie muss mit der Entschlossenheit einhergehen, das als richtig Erkannte zu nehmen und damit loszugehen.

„Gott zwingt nicht. Er führt dich immer bis zu dem Punkt, wo du ihn sagen hörst: ‚Komm, laß dich auf mich ein!' Dann kannst du ja oder nein sagen. Ein ‚Jein' allerdings gibt es nicht. Es erginge dir sonst wie dem berühmten Esel Buridans, der zwischen zwei Heuhaufen steht, sich nicht entschließen kann, von welchem er fressen soll, und schließlich verhungert. Gott weiß auch einen Weg für dich, wenn du nein sagst – so schade es auch ist. Aber wenn du unentschlossen bleibst, kann er dich nicht weiterführen. Er wird dich annehmen wie du bist, aber aus dem Abenteuer, so wie er es mit dir vorhatte, wird wohl nichts werden" (Körner S. 43).

So besteht denn die zweite Notwendigkeit darin, sich manchmal einfach zu entscheiden und erst einmal loszugehen, so gut man kann, mit dem, was man gerade an Klarheit hat, in die Richtung, die man zu erkennen meint.
Diese Herausforderung, sich gelegentlich zuerst in Bewegung setzen zu müssen, um dadurch die Leitung Gottes im eigenen Leben freizusetzen, illustriert die folgende Geschichte:

„Ein junger Mann, der auf dem Weg nach Saloniki war, traf einen Mönch und fragte ihn, wo der rechte Weg herführe und wie weit es noch sei. Der Mönch antwortete ihm: Geh nur! Der junge Mann aber sagte: Aber wohin denn? Ich habe dich doch gefragt, wo der Weg herführt und wie lange es noch dauert. Da sagte der Mönch: Du mußt gehen, du mußt einige Schritte tun, du mußt wenigstens einen Schritt tun, damit ich sehe, wie du gehst, um dir den rechten Weg zu zeigen und dir die Länge des Weges anzusagen“ (Greshake S. 123).

Um dieser Aufforderung zu folgen, brauchen wir die Stärken des Rebellen: seine Willenskraft und seine Entschlossenheit. Denn der Rebell ist ein guter Kämpfer. Um diese Eigenschaften trainieren und entfalten zu können, gilt es, Entscheidungsmöglichkeiten wahrzunehmen und zu nutzen.
Einen Schritt ins Ungewisse hinein zu tun, lediglich mit der Hoffnung auf größere Klarheit, wird demgegenüber besonders der Marionette schwer fallen. Für sie kann es nötig werden, das Suchen nach Berufungshinweisen einmal zur Seite zu legen und auf hundertprozentige Sicherheit zu verzichten, um einfach den nächstmöglichen Schritt auszuprobieren.

Viele Christen gleichen jedoch Kindern, die in der Mitte ihres „Kinderzimmers“ auf dem Boden sitzen und sich nicht trauen, ohne Aufforderung eines der Spielzeuge zu nehmen, aus Angst, sie könnten dabei aus dem Willen des Vaters fallen. Sie fragen Gott oft: „Herr, welches Spielzeug ist ‚dran‘?“ Wenn Gott sie dann fragt: „Welches möchtest du denn?“, sagen sie: „Das Spielzeug, das *Du* für mich möchtest!“
Sie haben solche Angst, etwas falsch zu machen.

Andere Kinder Gottes wiederum akzeptieren die Grenzen nicht, die ihnen gesetzt werden, und versuchen immer wieder auszubrechen.
Beide Gruppen haben erlebt, dass ihr Vertrauen zu Gott verwundet oder zerstört wurde – und beide brauchen Heilung. Wie geschieht das? Indem uns der Heilige Geist zeigt, wie der Vater im Himmel wirklich ist!
Das Herz der Marionette soll verstehen, wie unendlich kostbar sie für den Vater ist: Dass Er niemals zulassen wird, dass sie einfach „aus Versehen“ aus Seiner Hand fällt und verloren geht (vgl. Jh 10,28).
Der Rebell soll andererseits lernen, dass Gottes Grenzen nicht *gegen*, sondern *für* sein Leben sind.

Mir persönlich wurde für meinen weiteren Weg einmal folgendes Wort mitgegeben, welches ich bis heute als hilfreich und freisetzend empfinde: „Go for what you feel is right and trust God to correct the course if needed. He will!“ – „Tu, was deinem Empfinden nach richtig ist, und vertraue Gott, dass er den Kurs korrigieren wird, wenn es nötig ist. Er wird es tun!“

Im Grunde könnten gerade die Kinder Gottes in der Lage sein, mit einer enormen Freiheit Entscheidungen zu treffen, wenn sie sich nur ihrem Hirten ausliefern, der sie beschützt und zur Not korrigiert. Es sind in Psalm 23 weder die Liebe oder Gnade noch die Treue Gottes, die David im finsteren Tal – an einem Ort ohne Licht und Orientierungsmöglichkeiten – Trost spenden; es sind der Stecken und Stab Gottes – Instrumente, die zur Leitung und Korrektur der Schafe dienen (vgl. V. 4).

„Wie erkenne ich den Ruf Gottes? Manchmal gilt es zu warten, manchmal aber auch, beizeiten Schritte zu wagen, um herausfinden zu können, ob der eingeschlagene Weg der rechte ist. Der jüdische Philosoph Moses Mendelssohn hat es einmal so formuliert: ‚Auf dem dunklen Pfad, auf dem ein Mensch hier auf Erden gehen muß, gibt es gerade so viel Licht, wie er braucht, um den nächsten Schritt zu tun. Mehr würde ihn nur blenden‘“ (Greshake S. 123).

Zusammenfassung

Zusammenfassend lässt sich sagen, dass unser Umgang mit Prüfungen, das Ausmaß der geöffneten Augen und unsere Entscheidungsvollmacht uns dabei helfen werden, unseren Berufungsweg zu finden und zu gehen. Diese Faktoren tragen auch dazu bei, dass sich die Herrlichkeit Gottes wieder in unserem Leben entfaltet – und dass wir schließlich unsere Dienstberufung klarer erkennen können.

3. Wie erkenne ich meine Dienstberufung?

Was möchte Gott von mir? Was soll ich tun? Wie sehen die Früchte meines Berufungsbaumes aus, und wie erkenne ich die für mich vorbereiteten Werke?
Wahrscheinlich sind dies die Fragen, die dazu geführt haben, dass Sie dieses Buch überhaupt lesen. Sie sollen in diesem Kapitel betrachtet werden. Sie lassen sich umso leichter beantworten, je weiter unser Berufungsbaum herangewachsen ist.

Bevor wir uns der Frage zuwenden, *wie* wir nach den vorbereiten Werken suchen, werden wir uns zunächst anschauen, *wo* wir sie finden können! Für manche vielleicht überraschend, glaube ich: Da, wo sie am nötigsten sind – in der Welt!

„Dein Reich komme ...“

Im Vaterunser heißt es: *„(...) dein Reich komme; dein Wille geschehe, wie im Himmel, so auch auf Erden!“* (Mt 6,10).
Dies sind wichtige Verse. Sie bestätigen zunächst, dass das Reich Gottes überall dort ist, wo der Wille Jesu geschieht. Zweitens machen sie deutlich, dass das Reich Gottes nicht nur im Himmel auf unsere Ankunft wartet, sondern zu uns herunter auf die Erde kommen soll!
Oft denken wir in diesem Zusammenhang an das Missionsfeld, an Gemeindebau und -wachstum und an Bekehrungen. Aber beschränkt sich das Reich Gottes auf diese „frommen“ Bereiche?
Wenn man sich die Gebote und Anweisungen Gottes für das Volk Israel anschaut, scheint es nicht so zu sein. Denn dort lernt man ein Konzept vom Reich Gottes kennen, welches das Zivilrecht (vgl. z. B. Dtn 19,14), die Rechtsprechung (vgl. z. B. Dtn 16,18-20), das Gesundheitswesen (vgl. z. B. Lev 14), die (Agrar)

Wirtschaft (vgl. z. B. Ex 23,10f.), die Innen- und Außenpolitik (vgl. z. B. 1 Sam 16,1; Jes 31,1) und alle anderen Bereiche von Kultur und Gesellschaft mit einschließt.
Unsere Vorstellung von Berufung bleibt jedoch häufig bei dem Anliegen stehen, die Herzen von Menschen erlösen zu wollen.

Aber dies ist nur der erste Schritt. Den erlösten Herzen müssen reformierte Gesellschaften folgen! Die Antwort auf das Gebet: *„Dein Reich komme, wie im Himmel, so auch auf Erden …"* besteht darin, den Willen Gottes in jeden Bereich menschlichen Zusammenlebens hineinzutragen: in die Pädagogik, die Politik, die Wissenschaft, die Wirtschaft, die Familien, die Rechtsprechung, in die künstlerischen Bereiche …

Berufung und Beruf

Vor diesem Hintergrund erhält der Beruf eines Menschen eine ganz neue Bedeutung für den Bau des Reiches Gottes. Allerdings müssen wir dafür in der Regel erst einmal eine Sicht gewinnen, da:

*„… mit dem Begriff Berufung der des Berufes aufs engste zusammenhängt, obwohl es gerade für die Neuzeit typisch ist, daß sich beides völlig auseinanderentwickelt hat. Berufung wird heute ja als ein spezifisch religiöses und dazu noch elitäres Wort empfunden. Berufung bezeichnet das Angesprochensein von Gott für eine geistliche und kirchliche Tätigkeit. So kommt es zur verbreiteten Annahme: Für den Ordens- und Priesterberuf [für den „vollzeitlichen Dienst"] bedürfe man einer besonderen Berufung von Gott her, während die übrigen Berufe Bereiche des ganz normalen weltlichen Lebens seien, die mit dem Glauben nichts oder wenig zu tun hätten und wofür infolgedessen auch keine Berufung erforderlich sei (…)
Und entsprechend wählen die meisten Menschen ihren normalen Beruf nach Neigung und Vorliebe, nach Chancen und Karrieremöglichkeiten, nach Lust und Laune, ohne auch nur einen Gedanken daran zu verschwenden, ob und wie Gott etwas von ihnen will, wohin Gott sie ruft: ‚Ich habe keine Berufung', sagt man und meint damit: Ich erfahre keine religiösen*

Antriebe zu einer besonderen geistlichen Tätigkeit" (Greshake S. 100f. 103).

Der Beruf kann auf ganz unterschiedlichen Ebenen Bedeutung für die Berufung eines Menschen haben:

• Finanzen

Er kann als Kanal für Gottes materielle Versorgung dienen.
Es gibt Zeugnisse von Menschen, die von Gott ausdrücklich in ihren eigenen, bis dahin bereits ausgeübten „weltlichen" Beruf berufen wurden, um den Bau des Reiches Gottes mit substantiellen Gaben zu unterstützen oder den eigenen Dienst finanziell zu ermöglichen. Ein Beispiel dafür ist Paulus, der weiterhin als Zeltmacher arbeitete (Apg 18,3; 1 Thess 2,9).

• Beziehungen

Der Arbeitsplatz ist das Feld, welches uns oft am intensivsten in die „Welt" stellt. Er ist der Ort, an dem die Liebe Jesu in das Leben kirchenferner Menschen fließen kann.
Ich habe von dem Zeugnis eines Mannes gehört, der als Missionar sehr erfolglos war. Als er gefragt wurde, was ihm denn am meisten Freude machen würde, sagte er: „Anderen Menschen die Haare schneiden!" So fing er an, in einem Friseursalon zu arbeiten. Er blühte in dieser Tätigkeit richtig auf und kam mit den Menschen ins Gespräch. Schließlich bekehrten sich auf seinem Friseurstuhl mehr Menschen als während all seiner Anstrengungen auf dem „Missionsfeld".

• Werte

Das berufliche Feld ist eine der besten Möglichkeiten, Richtlinien und Werte des Reiches Gottes in die verschiedenen Bereiche von Gesellschaft und Kultur hineinzutragen. Vor diese Herausforderung wurden bereits die Menschen zur Zeit Johannes des Täufers gestellt:
„Es kamen aber auch Zöllner, um getauft zu werden, und sie sprachen zu ihm: Lehrer, was sollen wir tun? Er aber sprach zu

ihnen: Fordert nicht mehr, als euch bestimmt ist. Es fragten ihn aber auch die Kriegsleute und sprachen: Und wir, was sollen wir tun? Und er sprach zu ihnen: Tut niemand Gewalt, und erpresst niemanden, und begnügt euch mit eurem Sold" (Lk 3,12-14).

Mit den Zöllnern und Soldaten werden hier zwei zur damaligen Zeit sehr verachtete Berufszweige erwähnt.

Das Verblüffende an den Antworten von Johannes besteht darin, diese Menschen, die sich bekehrt hatten und taufen ließen, nicht aufzufordern, ihre Berufe zu verlassen, um einen ihrer Bekehrung angemessenen „geistlichen" Beruf anzunehmen. Johannes schickt sie in ihr altes Umfeld zurück, allerdings mit neuen inhaltlichen Maßstäben.

Auch Paulus fordert in seinen Gemeindebriefen nicht dazu auf, den Rahmen des beruflichen Lebens zu verlassen, sondern lediglich die inhaltliche Gestaltung desselben zu ändern.

Besonders für Christen, die in „säkularen" Bereichen arbeiten, kann es hilfreich sein, sich daran zu erinnern, dass diese Erde mit allen ihren Schätzen letztlich niemand anderem als Gott allein gehört, und dass es sich in jedem Bereich von Gesellschaft und Kultur um ein göttliches Erbe handelt, das zusammen mit den Herzen der Menschen verloren gegangen ist.

Beim Bau des Reiches Gottes geht es darum, dieses geraubte Erbe zurückzuerobern und der Herrschaft Gottes zuzuführen. Ich weiß nicht, wie dies im Einzelnen in den verschiedenen Bereichen von Gesellschaft und Kultur aussehen kann, aber wir werden in jedem beruflichen Umfeld unter der Leitung des Heiligen Geistes vorbereitete Werke empfangen und „vollzeitlich" das Reich Gottes bauen können.

• Der Beruf als Trainingsfeld

Der Bau des Reiches Gottes findet ja nicht nur *durch* uns, sondern gleichzeitig auch *in* uns statt. Hier kann der Beruf zu einem wichtigen Schulungs- und Vorbereitungsfeld werden. Er stellt dann einen Schritt auf dem Berufungsweg dar, ohne den die nachfolgenden Schritte wesentlich schwerer oder gar unmöglich wären.

Wir sehen dies bei Josef, der durch seine Verwaltungstätigkeit als Sklave Potifars inhaltlich und charakterlich auf seine zukünftige Aufgabe als Stellvertreter des Pharao vorbereitet wurde (vgl. Gen 39,4); wir sehen es am Weg von Mose, der viele Jahre in der Wüste bei den Schafen auf den Weg mit der Herde Israel vorbereitet wurde (vgl. Ex 3,1; 4,19); wir sehen, wie Jesus mehrere Fischer ruft, um sie zu Menschenfischern zu machen (vgl. Mt 4,19).
Jesus selbst lernte und übte den Beruf des Zimmermanns aus, bevor er begann, aktiv das Reich Gottes zu bauen (vgl. Mk 6,3).
Egal, in welchem Beruf wir stehen, es mag ein Schlüsselerlebnis sein, wenn wir uns nach einer Vision ausstrecken, wie das Reich des Königs in diesem Bereich aussehen könnte. Dann mögen wir dahin kommen, Folgendem von ganzem Herzen zuzustimmen:

„Wenn du ein Tiefbauarbeiter bist und in deinem Herzen weißt, daß du dazu berufen bist, ein international tätiger Evangelist zu sein, dann greift dein Leben zu kurz. Dann hast du dich dafür entschieden, ein mittelmäßiges Leben zu führen. Doch wenn du ein international arbeitender Evangelist bist und dich Gott eigentlich dazu berufen hat, Gräben auszuheben, führst du ein ebenso unzulängliches Leben der Mittelmäßigkeit“ (Renner S. 25).

Egal also, ob wir in einen „geistlichen“ Dienst gerufen werden, der unmittelbar mit dem „Seelenheil“ von Menschen zu tun hat, oder ob wir in die „Welt“ gerufen werden – wir werden immer in einen so genannten „vollzeitlichen Dienst“ gerufen!
Auf dieser Grundlage werden wir uns anschauen, *wie* wir die für uns vorbereiteten Werke erkennen können.

Wie finde ich die vorbereiteten Werke?

Betrachtet man die Berufungsberichte des Alten Testaments, so lässt sich von ihnen ein „Berufungsschema“ ableiten. Vier typische Elemente begleiten dort in der Regel das Berufungserlebnis: ein Moment der Überraschung und ein Berührtwerden von der Heiligkeit Gottes, das Erlebnis von Überforderung und die Zusage der Hilfe Gottes.

Viele Menschen, die sich nach ihrer Dienstberufung ausstrecken, orientieren sich zunächst an diesen Berufungsgeschichten des Alten Testaments. Sie warten oft insgeheim auf einen Engel oder einen „brennenden Dornbusch", einen klaren Traum oder einen Propheten, kurz: auf ein diesem Schema entsprechendes Ereignis, durch das Gott ihr Leben umkrempelt und ihnen unwiderlegbar klarmacht: „Du bist berufen!"
Doch wenn man genauer hinschaut, lassen in der Bibel geschilderte Berufungserlebnisse ein weitaus größeres Spektrum von äußerst dramatischen bis hin zu sehr unscheinbaren und stillen Erlebnissen erkennen (vgl. z. B. die Berufung der sieben Armenpfleger in Apg 6,3-5 oder die Wahl des Apostels Matthias in Apg 1,26).

„Die Berufung des Herrn kann einen Menschen direkt erreichen, der Heilige Geist kann direkt zu ihm sprechen, während er auf den Herrn hört. Die Berufung kann auch indirekt geschehen durch einen anderen Menschen, wie durch Elia, der Elisa berief (1 Kön 19,19). Die Berufung kann ergehen, während man wach ist oder schläft, durch eine Vision oder einen Traum oder durch Worte, die man innerlich hört. Samuel schlief, wurde dann jedoch geweckt und hörte den Herrn – hörte er ihn laut oder in seinem Geist? Joseph wurde, während er schlief, dazu aufgefordert, Maria zu sich zu nehmen (Mt 1,20). Jesaja befand sich im Tempel, offenbar versah er seinen ganz normalen Priesterdienst. Denn es scheint so, als wäre er im Heiligtum gewesen, als er seine Vision hatte (Jes 6)" (Sandford S. 51).

Indirekte Wegweisungen, bei denen Gott andere Menschen, aber auch Situationen und Geschehnisse benutzt, um in eine bestimmte Richtung zu führen, sind häufig.
Was ist jedoch mit den Menschen, die lediglich eine ungestillte Sehnsucht nach einer Berufung verspüren, ohne sagen zu können, eine Berufung von Gott bekommen zu haben?
Eine Antwort finden wir in folgenden Zeilen:

„(...) wenn du auf der Suche bist, wenn du den Eindruck hast, noch nicht an dem Platz zu sein, wo du ‚hingehörst', wenn eine innere Unruhe dich mit dem nicht zufrieden sein läßt, was du jetzt bist und wie du jetzt lebst, wenn du einen Beruf erlernt hast, in dem du deinen Mann stehst, dir aber dennoch sagst: es macht mir ja Spaß, aber mir genügt das irgendwie noch nicht, wenn du das Leben, das du nur einmal hast, mit Sinn erfüllen und ‚für etwas Großes' geben möchtest, wenn du ein Mensch unter Menschen und doch ‚anders' sein willst, wenn du die stille Sehnsucht hast, dein Leben von Gott her zu gestalten, dann bist du als Adressat dieser Zeilen gemeint. Es ist eine alte Erfahrung der Kirche, daß hinter solchem Suchen Gott selber steht. Nicht ohne Absicht läßt er Menschen unruhig werden. Oft beginnt er auf diese Weise, sie über ihren jetzigen Stand hinauszuführen und in eine bewußtere Nachfolge Jesu zu rufen" (Körner S. 8).

Diese unbestimmte Sehnsucht nach der Berufung Gottes ist also gewöhnlich bereits ein Zeichen der Berufung Gottes!
Es ist dann eigentlich nicht der Mensch, der suchend auf Gott zugeht, sondern Gott, der mittels dieser Sehnsucht bereits suchend auf den Menschen zugegangen ist:

„Wenn dieses mein Ich in der Bereitschaft zum Hören und zur Lebenshingabe ehrlich und wahrhaftig den Ruf Gottes zu vernehmen sucht, dann ist dieses ‚Ich' mehr als nur ‚es selbst', dann ist in ihm Gottes Heiliger Geist am Werk. Denn niemand besitzt die Bereitschaft zum gläubigen Hören und zur bereitwilligen Antwort von sich aus. Es sind die Macht des Wortes Gottes und die Gnade des Heiligen Geistes, welche dann in ihm wirken. Daraus aber folgt: Jenes ‚Ich', das sich in der Bereitschaft zu hören und zu antworten auf Gott hinwendet, ist immer schon ‚mehr' als nur ein menschliches Selbst. Es ist ein von Gott ergriffenes und erfülltes Ich, in dessen geistigen Vollzügen darum auch Gott selbst am Werk ist. Somit mag – vordergründig betrachtet – auch ich selbst es sein, der da im Nachdenken und schweigenden Innehalten bestimmte ‚Stimmen', Gedanken, Ideen und Zielvorstellungen in sich hervorbringt; in Wirklichkeit und tiefer gesehen ist es Gott, der in und durch mich hindurch ruft" (Greshake S. 105).

Die Erfahrung lehrt, dass Gott das Berufungsschema des Alten Testaments zwar jederzeit wiederholen kann, viele Menschen jedoch auf eine wesentlich weniger spektakuläre Art und Weise vom Heiligen Geist in ihre Berufung hineingeführt werden.
Deshalb wird es im Folgenden um Hinweise für die Orientierung auf diesem über lange Strecken sehr natürlich anmutenden Weg gehen.

Berufungshinweise

Berufungshinweise sind so etwas wie „Kanäle", durch die Gott mich rufen und leiten kann. Dazu gehören die Fragen nach den angeborenen und weiterentwickelten persönlichen Begabungen, den bisherigen Lebenserfahrungen, den oft verborgenen und verschütteten Herzenswünschen sowie das diesbezügliche Reden Gottes.
Anhand dieser Kanäle können Sie genauer überlegen, wo in Ihrem Leben Schwerpunkte liegen, wo ein roter Faden erkennbar ist und was andere dazu sagen.

a) Die Gaben

Wir werden uns zunächst der nahe liegenden Frage widmen, welche Rolle Ihre Gaben für das Reich Gottes spielen, und inwieweit an ihnen Ihre Berufung erkennbar ist. Wir stoßen dabei auf zwei unterschiedliche Positionen: Zum einen gibt es den Standpunkt, Gott berufe den Unbegabten. Diese Position geht davon aus, Gott würde uns gerade in die Dienste hineinführen, die unseren natürlichen Begabungen am wenigsten entsprechen. Wenn Sie einen Vertreter dieser Position nach Ihrer Berufung fragen, würde er sagen: dort, wo Sie sich am schwächsten und unfähigsten fühlen, dort, wo Sie besonders auf Gottes Hilfe angewiesen sind und Er sich besonders verherrlichen kann, dort liegt Ihre Berufung.
Die zweite Position geht vom Gegenteil aus, nämlich dass Gott uns entsprechend unserer Gaben, Vorlieben und Interessen beruft: Was können Sie gut? Was macht Ihnen Spaß? Das wird Ihre Berufung sein!

Vor diesem Hintergrund müssen wir zunächst feststellen, dass der Begriff „Gabe“ unterschiedlich verstanden und verwendet werden kann. Die neutestamentlichen Stellen in Bezug auf Gaben legen die Deutung nahe, dass es zwei verschiedene Kategorien von Gaben gibt: die so genannten „Manifestationsgaben“ und die „Motivationsgaben“.

Die „Manifestationsgaben“

Wir finden in 1 Kor 12,7-10 eine Auflistung von Gaben: das Wort der Weisheit, der Erkenntnis, Glauben, Heilungen, Wunderkräfte, Weissagung, Unterscheidung der Geister und Auslegung der Sprachen. Diese Gaben werden beschrieben als *„Offenbarungen des Geistes“* (V. 8), die dieser *„jedem besonders austeilt, wie er will“* (V. 11).

„Einige nennen diese die Manifestationsgaben (Offenbarungsgaben), weil Paulus das griechische Wort ‚phanerosis‘ benutzt, was soviel meint wie ‚Ausstellen, Ausdruck, Offenbarung oder Sichtbarwerden’. In anderen Worten: Paulus definiert diese als übernatürliche Manifestationen des Heiligen Geistes, die durch den Gläubigen wirken.
(...) die Bibel zeigt uns, dass es hier jene Person ist, der gedient wird, die in Wirklichkeit diese Gabe empfängt (...) Außerdem kann hier niemand bestimmen, wann die Gabe eingesetzt werden soll. Nur der Heilige Geist ist es, der dafür sorgt, dass die Gabe durch ein verfügbares und empfangendes Gefäß wirkt“ (Fortune S. 20).

Bei der Ausübung von Manifestationsgaben handelt es sich um das Empfangen und Weitergeben unterschiedlicher vorbereiteter Werke. Wenn wir nun immer wieder eine bestimmte Art von vorbereiteten Werken von Gott für andere empfangen, lässt sich annehmen, dass Gott auch zukünftig ähnliche Werke für uns vorbereitet hat. Dennoch hängen die Manifestationsgaben völlig von der Souveränität Gottes in der jeweiligen Situation ab. Es wäre beispielsweise ein Irrtum, zu glauben, jemand mit der Gabe der Heilung könne jeden Menschen jederzeit heilen.

Der Schlüssel zu diesen Gaben ist unsere Hingabe an die Leitung des Heiligen Geistes. Grundsätzlich kann Gott uns nach dem Ausmaß dieser Hingabe jederzeit in jedem Bereich gebrauchen – egal, was wir uns selbst zutrauen. Denn es geht bei der Ausübung der Manifestationsgaben ja weniger um *unsere* Möglichkeiten, als vielmehr um *Gottes* Möglichkeiten durch uns.
Um Sein Wirken jedoch überhaupt zulassen zu können, müssen wir bei dieser Art von Gaben weitgehend auf unsere eigene Wirksamkeit verzichten. Das fällt den meisten Menschen schwer, denn sie fühlen sich in dieser Ohnmacht des Glaubens äußerst unwohl. In diesem Zusammenhang ist Ohnmacht aber eigentlich nicht unser Feind, den es zu bekämpfen oder zu vermeiden gilt, sondern unser Freund, der uns eine Tür zu den Möglichkeiten und der Vollmacht Gottes öffnen will.

Abhängigkeit und Vollmacht

Selbst Jesus sagt über sich: *„Der Sohn kann nichts von sich selbst tun, außer was er den Vater tun sieht; denn was der tut, das tut ebenso auch der Sohn. Denn der Vater hat den Sohn lieb und zeigt ihm alles, was er selbst tut“* (Joh 5,19f).

Das Gleiche gilt für uns. Wir müssen zunächst erkennen, dass wir aus uns selbst heraus nichts tun können.
Wir können zwar den ganzen Tag beschäftigt sein und einiges bewirken, aber es kommt dabei nicht zu jener besonderen Art von Werken, die einen Unterschied im Reich Gottes machen und Bestand in der Ewigkeit haben.
Es gilt: *„Wenn der HERR das Haus nicht baut, arbeiten seine Erbauer vergebens daran. Wenn der HERR die Stadt nicht bewacht, wacht der Wächter vergebens“* (Ps 127,1).
Watchman Nee schreibt dazu:

„Jede göttliche Arbeit kann nur mit göttlicher Kraft getan werden, und diese Kraft ist nur im Herrn Jesus vorhanden. Sie ist in ihm für uns zugänglich gemacht, wenn wir durchs Kreuz zur Auferstehung durchgedrungen sind (...) Sind wir am Ende unseres Wirkens, dann beginnt sein Wirken.

Der Herr verlangt nie eine Arbeit von uns, die wir aus eigener Kraft tun können. Der Herr fordert ein Leben von uns, das wir niemals leben können, und eine Arbeit, die wir niemals selbst verrichten können. Das Leben, welches wir leben, ist das Leben von Christus gelebt in der Kraft Gottes, und die Arbeit, die wir verrichten, ist das Werk Christi, ausgeführt durch uns, indem wir seinem Geist gehorchen. Unser ‚Ich' ist das einzige Hindernis" (Nee S. 56).

Unser „Ich" liebt es nicht gerade, mit seiner eigenen Unfähigkeit in Berührung zu kommen, ja, wir erleben diese Überführung zuweilen als einen Zerbruch unserer inneren Welt. Dies aber ist eindeutig der Weg zu tieferer Fruchtbarkeit:

„Irgendwie müssen wir in unserem Leben mit Gott einmal diesen ersten lähmenden Schlag seiner Hand erfahren, der unsere natürliche Kraft so schwächt, daß wir nur noch aufgrund des Auferstehungslebens Christi hervortreten, an dem der Tod jeden Anspruch verloren hat. Hernach weitet sich dieser Kreis, indem immer wieder neue Gebiete unserer eigenen Kraft unter die Wirkung des Kreuzes gebracht werden. Der Weg ist kostspielig und schmerzhaft, aber es ist Gottes eindeutiger Weg zur Fruchtbarkeit im Leben und im Dienst, denn er verschafft ihm die nötige Grundlage, daß er uns unterstützen kann, wenn wir in seinem Namen handeln" (Nee S. 55).

Es gibt im Alten Testament eine spannende Begebenheit, die dieses Prinzip verdeutlicht (vgl. Ri 7,1-8): Ganz Israel war unter der Leitung Gideons mobilisiert worden, etwa 32 000 Mann, um gegen das übermächtige Heer Midians – etwa 135 000 Mann – in die Schlacht zu ziehen. Gottes Reaktion auf dieses offensichtliche Ungleichgewicht ist ungewöhnlich: Statt das israelitische Heer auf natürliche oder übernatürliche Weise zu vergrößern, gibt er zweimal den Befehl, das eigene Heer zu verkleinern. Am Schluss bleiben 300 Krieger übrig, die Gott dann gegen Midian schickt.
Die Begründung, die Gott Gideon für dieses Vorgehen gibt, ist sehr aufschlussreich: *„Zu zahlreich ist das Volk, das bei dir ist, als dass ich Midian in ihre Hand geben könnte. Israel soll sich*

nicht gegen mich rühmen können und sagen: Meine Hand hat mich gerettet" (V. 2).

Die Anerkennung unserer Unfähigkeit ist wichtig, sie allein aber bringt uns noch nicht in die Abhängigkeit von Gott. Wir müssen auch die zweite Lektion lernen, nämlich mit der Kraft und den Möglichkeiten des Vaters zu rechnen und Seinen Werken Raum zu geben. Vollmacht entsteht, wenn wir uns der Leitung des Heiligen Geistes zur Verfügung stellen. Es lässt sich mit der Aufgabe eines Zugführers vergleichen:

„Zugführer lenken starke Maschinen, und ihr Erfolg hängt davon ab, daß sie auf bestimmte Zeitpläne, Gleise und Geschwindigkeiten acht geben. Wir denken fälschlicherweise, daß wir die Vollmacht und Kraft Gottes nach unseren Vorstellungen einsetzen können – und sehen uns dabei mehr in der Rolle eines Autofahrers, der fährt, wann und wohin er möchte" (Wimber S. 111).

Diese Wahrheit habe ich vor einigen Jahren besonders eindrücklich erlebt.
Ich war damals als Mitarbeiter auf einer Teenagerkonferenz. Mehrere Tausend Teilnehmer waren aus verschiedenen Ländern zusammengekommen, um Gottes Gegenwart zu erleben. Die Erwartungen waren groß und richteten sich zunehmend auf das sichtbare Wirken des Heiligen Geistes.
Obwohl mir klar war, dass Manifestationen um ihrer selbst willen keine Bedeutung haben, erwachte in mir eine Sehnsucht nach sichtbarer Kraft und Vollmacht für meinen Gebets- und Segnungsdienst. So gab ich mir Mühe, „vollmächtiger" zu segnen: Ich versuchte, besonders sensibel für die Leitung des Heiligen Geistes zu sein und möglichst hingegeben zu beten; aber als einziges Resultat wurden meine Gebete immer fruchtloser und ich immer müder. Ich fühlte mich wie ein Versager.

Als ich eines Morgens aus meinem Zelt kroch, hatte ich den Eindruck, von Gott vor eine Wahl gestellt zu werden, wie vor eine Weggabelung. Auf dem einen Weg sah ich all das, was ich erstrebt hatte: Frucht und Segen, Gaben, Vollmacht und geistli-

chen Erfolg. Als ich den anderen Weg in Augenschein nahm, schien er auf den ersten Blick leer – bis auf eine unscheinbare, schlicht gekleidete Gestalt. Von ihr gingen ein tiefer Frieden und eine große Ruhe aus. Es war Jesus.
Und ich wusste in meinem Herzen, dass ich mich für einen der beiden Wege entscheiden musste, weil ich sie nicht gleichzeitig beschreiten konnte.
Innerlich war ich müde und spürte Hunger und Sehnsucht nach dieser Ruhe, die von Jesus ausging. So entschloss ich mich an diesem Morgen, den Dingen auf dem anderen Weg nicht mehr hinterherzulaufen: Ich gab Gott alle Gaben zurück, die Er mir jemals gegeben haben mochte, legte alles Streben nach „Erfolg" vor Gott nieder und entschied mich ganz neu für Jesus selbst. Es war, als würde ich nach Hause kommen; ein tiefer Friede kam und erfüllte mich.

So ging ich zurück in meinen Segnungsdienst. An diesem Morgen erlebte ich etwas, das ich noch nie erlebt hatte. Ich kam während der Segnungszeit zu einem jungen Mann, der mit geschlossenen Augen dastand und tief in der Anbetung versunken schien. Als ich ihn anschaute, kam der Eindruck, dies sei ein von Gott „Vielgeliebter". So schön dies auch war, so war ich dennoch etwas unschlüssig, was ich damit machen sollte. Sollte ich ihn aus der Anbetung reißen, um ihm diesen Eindruck weiterzugeben? Vielleicht würde er dann sagen: „Vielen Dank, aber bis eben habe ich diese Liebe noch gespürt!"?

In diese Unsicherheit hinein kam der Eindruck, mal etwas ganz Neues auszuprobieren, nämlich dem jungen Mann einfach die Hände aufzulegen und still den Heiligen Geist zu bitten, er möge direkt zu ihm sprechen.
Also legte ich ihm die Hände auf, schloss meine Augen und lud den Heiligen Geist ein. Da geschah etwas, womit ich überhaupt nicht gerechnet hatte: ich sah innerlich drei haushohe Wellen goldenen Wassers auf uns zukommen. Als die erste Welle uns erreichte, wurde der Teenager so stark berührt, dass er umfiel und sehr lange im Geist ruhte!
Gott goss an diesem Morgen eine neue Art von Salbung und Vollmacht über mir aus – in vielfältiger Form schenkte Er genau

das, was ich Ihm gerade zurückgegeben hatte! Der Heilige Geist kam so kräftig, dass die Menschen, für die ich betete, einfach umfielen. Nach kurzer Zeit lagen lauter Menschen um mich herum am Boden. Ich wusste gar nicht, wie mir geschah.
In den folgenden Segnungszeiten erlebte ich, wie der Heilige Geist die Menschen regelmäßig berührte, wenn ich ihn einlud. Sie fingen an, zu lachen oder zu weinen, sie zitterten oder fielen zu Boden. Gott gab mir „in Christus" einfach die Kraft, um die ich vorher tagelang gerungen hatte.

Nach einigen Tagen fing ich an, von meinen Händen immer mehr beeindruckt zu werden. Sie waren offensichtlich „gesalbt", denn immer wenn ich sie anderen auflegte, kam der Heilige Geist mit großer Kraft.
Ich erinnere mich noch gut, wie ich in dieser Zeit einmal zwei meiner Kollegen sah, die sich offensichtlich vergeblich abmühten, jemanden „vollmächtig" zu segnen. Ich sah meine Chance, ihnen etwas unter die Arme zu greifen und ihnen gleichzeitig noch meine neue „Diensterrungenschaft" zu demonstrieren. So näherte ich mich ihnen „demütig" und bot ihnen meine Hilfe an. Nach kurzem Zögern willigten sie ein.
Daraufhin sagte ich: „Dann müssen wir hier aber erst einmal richtig Platz schaffen" und räumte in Erwartung meines Erfolges einiges Gepäck, das hinter der Person auf dem Boden lag, zur Seite. Dann legte ich meine „gesalbten" Hände auf, schloss die Augen – und wusste im Bruchteil von einer Sekunde, dass ich hier völlig falsch war! Ich spürte gar nichts, nur eine absolute, schon fast laute geistliche Stille. Nach einer halben Minute, die mir wie eine halbe Ewigkeit vorkam, entschuldigte ich mich schließlich und zog mich zurück.
Als ich dann wieder auf die Menschen zuging, die Gott mir zu zeigen schien, kam die Kraft des Heiligen Geistes, als wäre nichts geschehen.
Diese Art des Segnungsdienstes hielt noch drei Jahre an, in denen ich zwischendurch erlebte, wie sich der Heilige Geist immer dann zurückzog, wenn ich versuchte, aus Seiner Führung auszubrechen.

Dieses Beispiel bringt uns damit in Berührung, dass Vollmacht aus der Abhängigkeit zu Gott wächst. Denn während wir oft versuchen, den Heiligen Geist zu bewegen, das zu tun, was *wir* wollen, versucht der Heilige Geist, uns dazu zu bewegen, dass wir tun, was *er* will.
Im Bereich der Manifestationsgaben spielen die Grenzen und Unzulänglichkeiten eines Menschen also eine größere Rolle, als seine Stärken und Fähigkeiten es je könnten.

Paulus geht sogar so weit zu sagen: *„Sehr gerne will ich mich nun vielmehr meiner Schwachheiten rühmen, damit die Kraft Christi bei mir wohne. Deshalb habe ich Gefallen an Schwachheiten, an Misshandlungen, an Nöten, an Verfolgungen, an Ängsten um Christi willen; denn wenn ich schwach bin, dann bin ich stark“* (2 Kor 12,10).

Im Sinne der Manifestationsgaben gilt:
„So ist Gottes B. [Berufung] *das Mittel, mit dem er dazu gänzlich unqualifizierte Menschen zu Werkzeugen seines Willens machen will“* (Coenen S. 88).

Die „Motivationsgaben“

Auf der anderen Seite begegnen wir den Motivationsgaben. Um ihnen auf die Spur zu kommen, müssen wir uns zunächst einige biblische Aussagen anschauen, die dem über Manifestationsgaben Gesagten zu widersprechen scheinen:

„Wie jeder eine Gnadengabe empfangen hat, so dient damit einander als gute Verwalter der verschiedenartigen Gnade Gottes“ (1 Petr 4,10).
„Da wir aber verschiedene Gnadengaben haben nach der uns verliehenen Gnade, <so lasst sie uns gebrauchen>: es sei Weissagung, nach dem Maß des Glaubens; es sei Dienst im Dienen; es sei der lehrt, in der Lehre; es sei der ermahnt, in der Ermahnung; der mitteilt, in Einfalt; der vorsteht, mit Fleiß; der Barmherzigkeit übt, mit Freudigkeit“ (Röm 12,6-8).

Unter Gnadengaben („charismata“) werden hier offensichtlich Gaben verstanden, die wir bereits besitzen – unsere „natürlichen Gaben“. Denn sie werden uns nicht mit der Aufforderung vorgestellt, nach ihnen zu *streben*, sondern sie zu *gebrauchen*. Im Gegensatz zu den Manifestationsgaben stehen sie uns also jederzeit zur Verfügung:

„Gott hat sie in uns eingebaut und sie zu einem Teil von uns gemacht, damit wir sie zum Nutzen für andere und zur Verherrlichung Gottes einsetzen (…)
Da sie in uns die motivierenden Kräfte des Lebens sichern, nennt man sie Motivationsgaben. Es sind die Gaben, die unsere Persönlichkeit formen.

(…) so, wie die DNA schließlich körperliche Eigenschaften hervorbringt, so bringen unsere Motivationsgaben die Interessen, Fähigkeiten, Begeisterung und Handlungen hervor, die uns zu wirkungsvollen Gliedern des Leibes Christi machen“ (Fortune S. 23.30).

Die Motivationsgaben haben primär mit unserem Sein zu tun. Dennoch fließt daraus unser Handeln. Zu dieser Gabenkategorie können sämtliche praktischen, intellektuellen, emotionalen, kommunikativen … Befähigungen gezählt werden. So beschreibt Ex 35,30-36,3 zum Beispiel, wie Gott Menschen zu ganz praktischen Tätigkeiten befähigt (z. B. Pläne entwerfen, Steine schneiden, Stoffe färben, …; V. 35,32f.35). Diese „natürlichen Gaben“ können mit der Inspiration verbunden sein, sie für ein spezielles Ziel zu gebrauchen (vgl. V. 35,31.34f; 36,1).
Im Bereich der Motivationsgaben geht unsere Wirksamkeit also nicht aus unserer Schwäche, sondern aus unseren Stärken hervor. In diesem Sinne schreibt Floyd McClung, ein Leiter der internationalen Missionsgesellschaft „Jugend mit einer Mission“:

„Gott gibt uns nicht Gaben und Fähigkeiten, um uns zu verhöhnen. Wenn wir versuchen zu entdecken, was wir nach Gottes Willen in unserem Leben tun sollen, übersehen wir manchmal das Offensichtliche (…)

Gott hat einen speziellen Auftrag für einen jeden von uns; wenn wir die Gaben, Stärken und Fähigkeiten, die Gott uns gegeben hat, verstehen, dann sind wir viel besser in der Lage, die Gebiete zu erkennen, in denen wir für den Dienst in seinem Reich geeignet sind" (McClung S. 40-42).

Wir schießen hier also von unseren Eigenschaften auf den Willen Gottes, ähnlich, wie man von der Funktion eines Werkzeugs auf den damit vom Werkzeugmacher geplanten Verwendungszweck schließt.

Wie entdecke ich meine Motivations-Gaben?

Sie möchten wissen, welche Gaben Sie haben? Dann probieren Sie es aus!
Oft möchten wir wissen, welche Gaben wir haben, *bevor* wir uns auf irgendeine Herausforderung einlassen. Aber eigentlich ist die Reihenfolge genau anders herum: wir wissen etwas mehr über unsere Gaben, *nachdem* wir uns auf Herausforderungen eingelassen haben.
Natürlich birgt das ein Risiko: wir könnten Fehler machen, wir könnten versagen, wir könnten mit Schwächen in Berührung kommen, wir könnten Dinge erleben, die wir nicht erleben wollten – aber wir könnten dadurch auch eine Menge entdecken und lernen!
Oft erschwert uns jedoch die Angst vor dem Risiko diesen Weg.
Um dieses Risiko zu minimieren und Orientierung zu erhalten, nehmen viele Menschen Gaben- oder Persönlichkeitstests zu Hilfe. Und diese können uns tatsächlich helfen, unsere bisherigen Erlebnisse zu bündeln, zu sortieren und vielleicht zum ersten Mal in den Blick zu bekommen.
Allerdings schlagen sich dabei normalerweise alle Spuren der Vergangenheit nieder – die Spuren des Bettlers ebenso wie die Spuren des Königssohns.
Während im Leben des Königssohns die Motivationsgaben ungehindert zur Anwendung kommen können, blockiert das Wesen des Bettlers ihre Ausübung. Don und Katie Fortune, ein amerikanisches Ehepaar, dessen Anliegen es ist, Menschen in

ihren Gaben freizusetzen, weisen darauf hin, dass Angst, Zorn, der Versuch, jemand anderes zu sein, ein schwaches Selbstbewusstsein und Sünde im Allgemeinen die Wirksamkeit unserer Gaben blockieren und „verschmutzen“ (vgl. Fortune S. 53-55). Eine Bestandsaufnahme unserer Motivationsgaben wird also zum einen immer unvollständig ausfallen. Zum anderen werden sich neben den bedeutsamen Eigenschaften und Stärken des Königssohns vermutlich auch die des Bettlers niederschlagen; in Gabentests wird häufig beides als „berufungsrelevant“ erscheinen.

Christian A. Schwarz, der Autor eines der bekanntesten christlichen Gabentests in Deutschland, wurde gefragt, inwieweit innerhalb der Testauswertung eindeutig falsche Ergebnisse auftreten können. Er schreibt daraufhin:

„Besonders häufig sind falsche Ergebnisse dann, wenn bei der Person, die den Fragebogen ausfüllt, eine psychische oder soziale Störung vorliegt. Es gibt zum Beispiel Menschen, die im Hinblick auf ihre Beziehungsfähigkeit Probleme haben. Da sich diese Probleme oft auch gegenüber einem potentiellen Partner zeigen, bekommen manche auf diese Weise fälschlicherweise die ‚Gabe der Ehelosigkeit‘ heraus. In solchen Fällen handelt es sich aber nicht um eine geistliche Gabe, sondern um ein seelsorgerliches Problem. Oder nehmen Sie die Gabe des Helfens. Es gibt Christen, die unter einem im wahrsten Sinne des Wortes krankhaften ‚Helfersyndrom‘ leiden. Mit ziemlicher Sicherheit wird jeder, der von diesem Syndrom geprägt ist, den Gabentest so ausfüllen, dass ‚Helfen‘ – fälschlicherweise – als Teil seiner Gabenkombination erscheint. Und er wird sich aufgrund des Ergebnisses in Zukunft womöglich in einer Weise verhalten, die sein Leiden noch schlimmer macht!“ (Schwarz S. 140).

Dort also, wo wir uns an uns selbst orientieren, kann es passieren, dass wir von den Eigenschaften des Bettlers auf die Berufung des Königssohns schließen.
Wie also kann das, was wir bei uns finden, für das Reich Gottes fruchtbar werden?

Wie werden unsere Motivationsgaben fruchtbar?

Für die Motivationsgaben gilt grundsätzlich dasselbe wie für die Manifestationsgaben. Erinnern wir uns: Wir bringen Frucht, indem wir am Weinstock bleiben (vgl. Joh 15,1). So ist es auch mit unseren Motivationsgaben: sie werden am Weinstock fruchtbar.
Die Salbung und Kraft der Gaben wird freigesetzt, wenn wir sie unter der Leitung des Heiligen Geistes ausüben. Und natürlich wenn wir von der Liebe Gottes erfüllt werden!
Manchmal ist es hilfreich, Gaben, in denen wir schon lange gedient haben, Gott neu auszuliefern.
Wenn wir sie auf den Altar legen, könnte man sie auch als „geopferte Gaben“ bezeichnen.

Ich erinnere mich an eine Frau, die bereits über viele Jahre als Lobpreisleiterin tätig war, als sie den Eindruck bekam, Gott wolle diese Gabe und diesen Dienst von ihr zurückhaben. So hörte sie damit auf. Sie erlebte in den folgenden Wochen und Monaten die Liebe und Nähe Gottes ganz neu und verbrachte viele Stunden „auf dem Schoß des Vaters“. Nach etwa einem Jahr führte Gott sie wieder in den Lobpreis hinein. Ich erinnere mich noch an ihre Premiere: Es entstand eine Atmosphäre der Anbetung und der Gegenwart Gottes wie nie zuvor. Die Menschen kamen durch ihren Lobpreis ganz neu mit der Liebe und Gnade Gottes in Berührung, denn sie hatte ihren Dienst auf den Altar gelegt, und Gott hatte ihn berührt.

Fruchtbarkeit entsteht am Weinstock. Wenn wir uns an unseren Gaben orientieren, ohne sie dem Vater auszuliefern, wäre das ähnlich fruchtlos, wie auf der Suche nach dem Potential einer Wüste nach ihren Eigenschaften zu fragen, solange man sie nicht dem Regen aussetzt, der aus Wüsten Gärten macht.
Darüber hinaus scheint es möglich zu sein, über die vorhandenen Motivationsgaben hinaus von Gott berufen zu werden. Fortunes schreiben dazu:

„Wenn Gott dich ruft, eine Arbeit zu tun, die außerhalb des Bereichs deiner Motivationsgaben liegt, dann wird er dir auch

die Salbung geben, die dich dafür fähig macht. Die Salbung ersetzt die Begabung. Wir wollen noch einmal nachdrücklich sagen, dass diese Lehre über Motivationsgaben nicht dazu erstellt wurde, um dich in eine Schachtel mit der Bezeichnung ‚Alles, was ich tun kann' zu stecken. Laß dich in allem vom Heiligen Geist leiten. Sei offen für einen speziellen Ruf Gottes – und für die nachfolgende Versorgung – zu jeder Zeit in deinem Leben" (Fortune S. 123).

In Bezug auf unsere Ausgangsfragestellung lässt sich folgendes feststellen: Gott beruft uns zugleich als Unbegabte und Begabte. Als Erstere werden wir im Zusammenhang mit den *Manifestations*gaben, als Zweitere mit den *Motivations*gaben berufen. Diese sind jedoch auf Entfaltung und Reinigung angewiesen. Wenn wir das berücksichtigen, haben wir mit ihnen einen guten Wegweiser, der vom Heiligen Geist als Wegweiser gebraucht werden kann, um uns in unsere Dienstberufung hineinzuführen.
Aber nicht nur unsere Gaben – auch Mangel, Angriffe und Verletzungen können eine Rolle für unsere Berufung spielen:

b) Angriffe und Tröstungen

„Gott [wirkt] in Seiner Vorsehung durch Familie, Umwelt und geschichtliche Ereignisse. Das fängt schon vor der Geburt an. Vielleicht können Sie es kaum glauben, aber Gott wirkte bereits durch Ihre Familie und Ihre Umwelt, gerade auch dann, wenn es anscheinend nur ‚gottlose' Einflüsse gab. Es ist etwas Frohmachendes, Gottes Vorsehung in allen unseren Erfahrungen, den vergangenen wie den gegenwärtigen, erkennen zu dürfen" (Clinton S. 44).

Wenn ein Mensch in diese Welt hineingeboren wird, betritt er damit einen Kriegsschauplatz: es ist ein Krieg zwischen Licht und Finsternis, zwischen Leben und Tod. Dieser Krieg ist geistlicher Natur. Es ist der Krieg Gottes mit Satan um das „Verlorene" – um alles, was ursprünglich Gott gehörte.
Schaut man sich Kriege an, so sieht man, dass es immer darum geht, den Feind an strategisch wichtigen Punkten zu schlagen,

ihn also dort zu treffen, wo er besonders gefährlich werden könnte. Dazu gehörten in der historischen Kriegsführung Autobahnen, Flughäfen, Brücken, Fabriken und Waffenlager, kurz: die Lebensnerven, ja, möglichst die Lebenszentren des Gegners.
Ähnlich scheint es bei dem Krieg Satans gegen das Reich Gottes zu sein: der Feind versucht, wenn möglich, die Bereiche unserer potentiellen Vollmacht, Stärke und Berufung zu treffen.

So lässt sich der potentielle Gewinn eines geistlichen Weges manchmal an der Größe des feindlichen Widerstandes messen. Er richtet sich nicht nur gegen die bereits bestehenden, sondern auch gegen die zukünftigen „Lebenszentren". Bereiche, die geprägt sind von Sünde und Schuld, von Kämpfen und Niederlagen, von Versuchungen und Fehlverhalten, von Angriffen und Verletzungen, von Zerstörung und Not können so Hinweise auf die Berufung eines Menschen darstellen.
Dabei sind die Rückwirkungen eigener Schuld auf uns selbst zerstörerischer als die Auswirkungen fremder Schuld. Satans Strategie besteht nun normalerweise darin, diese Schuld zu nehmen, Stricke der Anklage daraus zu drehen und den Berufenen zu einem Sklaven der Furcht zu machen, der sich in seiner Angst immer tiefer in „tote Werke", in Schuld und Zerstörung hineinreitet.
Den „Befreiungsschlag" Gottes finden wir in dem Tod und der Auferstehung Jesu. Durch ihn gilt: *„Wo aber die Sünde überströmend geworden, ist die Gnade noch überschwänglicher geworden"* (Röm 5,20).

Allerdings nützt uns dieses Geschenk nichts, wenn wir es nicht zu brauchen meinen. Ich vermute, das größte Problem, welches einem Arzt begegnen kann, ist ein Patient, der dringend Hilfe braucht und sie bekommen könnte, sich selbst aber für gesund hält und nicht bereit ist, diese Hilfe zuzulassen. Viele Menschen gleichen diesem Patienten und verweigern sich Gott.
Wo aber jemand seine Not anerkennt, kann sie zu einem Schlüssel für etwas völlig Neues werden: für die Liebe, die Vergebung und die Wiederherstellung Gottes. Und Er hat nichts Eiligeres zu tun, als diese Veränderung von uns weiter in das Leben an-

derer fließen zu lassen, die am gleichen Mangel leiden, wie wir es taten.

Beispiele dafür lassen sich viele finden:

- Suchttherapeuten zum Beispiel können ihre Klienten besonders gut unterstützen, wenn sie selbst mit Süchten gekämpft und sie überwunden haben. So können aus ehemaligen Drogensüchtigen nach ihrer Wiederherstellung besonders gute Drogentherapeuten werden.
- Ich habe eine Frau kennen gelernt, die über zehn Jahre lang in einer tiefen Depression gefangen war und bei ihrer Bekehrung sofort geheilt wurde. Gott hat ihr jetzt Menschen aufs Herz gelegt, die ihrerseits mit psychischen Problemen zu kämpfen haben.
- Evangelisten, deren Leben sich vor ihrer Bekehrung durch ein hohes Maß an Zerstörung und Dunkelheit auszeichnete, haben oft sehr viel Glauben und Barmherzigkeit für Menschen, die besonders weit von Gott weg zu sein scheinen.
- Mich hat auch das Zeugnis einer Frau sehr bewegt, deren Kindheit von größter Ablehnung gekennzeichnet war, bis sie der Liebe Gottes begegnete und innerlich nach Hause kam. Heute reist sie herum, hält Seminare und kann den Menschen besonders heilsam begegnen, die ihrerseits mit dem Gefühl kämpfen, abgelehnt zu sein und auf der Suche nach einem Zuhause sind.
- Von einem Mann habe ich gelesen, wie er in einen sehr vollmächtigen Heilungsdienst berufen wurde, nachdem er selbst von Gott körperlich geheilt worden war.
- Und ich selbst erlebte, nachdem ich Befreiung von dämonischen Bindungen erfahren hatte, dass Gott anfing, mich in den Befreiungsdienst an anderen zu führen.

Wir begegnen hier einem Muster. Paulus schreibt:
„Gepriesen sei der Gott und Vater unseres Herrn Jesus Christus, der Vater der Erbarmungen und Gott alles Trostes, der uns tröstet in all unserer Drangsal, damit wir die trösten können, die in allerlei Drangsal sind, durch den Trost, mit dem wir selbst von Gott getröstet werden“ (2 Kor 1,3.4).
So macht Gott aus Getrösteten Tröster, aus Geliebten Liebende, aus Begnadigten Begnadigende, aus Zerbrochenen und Verletzten Menschen mit Rücksicht und Sensibilität gegenüber Leidenden.

Wir sind schnell versucht zu denken, dass die Bereiche von Schwierigkeiten und Schuld, die noch nicht geheilten Lebensbereiche oder noch nicht bewältigten Krisen einen Menschen für die Berufung Gottes untauglich machen oder gar disqualifizieren. Und Satan wird das Seine tun, damit wir das wirklich glauben und daran verzweifeln. Aber das Gegenteil ist der Fall: Gott liebt es, aus einem Minus ein Plus zu machen!

Wenn das geschieht, gehen wir letztendlich reicher daraus hervor, als wenn es nie ein Minus gegeben hätte.

„Mose war ein Mörder. Denken wir daran, wie Jakob mit Esau und Laban umging. Abraham betrog Abimelech. David beging Ehebruch mit Batseba und ließ Uria töten. Petrus verleugnete Jesus dreimal. Johannes und Jakobus kämpften darum, die Größten zu sein. Paulus schnaubte auf dem Weg nach Damaskus vor Zorn und Morddrohungen. Unsere bewegte Lebensgeschichte, unsere absolute Sündhaftigkeit und Erniedrigung, unsere Beschäftigung mit allem nur erdenklichen Streben nach Nichtigem werden durch Gottes Gnade am Kreuz und in der Auferstehung verwandelt. Immer schreibt Gott dadurch Weisheit in unser Herz. Unsere Verletzungen und Sünden sind zu unserer Schule geworden und dienen als Vorbereitung. (...)
Gelobt sei Gott, Seine Barmherzigkeit sieht so aus, daß Er die Tiefe unserer Sünde zur Stärke unseres Dienstes macht. Wir sind nicht stolz auf unsere Vergehen, doch die köstliche Gnade Gottes bewirkt, daß wir Ihm am Ende dafür danken [, was er

daraus gemacht hat]. Unsere Sünden sind, anstatt eine Disqualifikation zu bewirken, zur Schulung für eine hohe Berufung geworden" (Sandford S. 17).

Schauen Sie sich einmal die „Minusse" in Ihrem Leben an, und stellen Sie sie Gott zur Verfügung. Gottes Wiederherstellung ist möglicherweise ein Schlüssel zu Ihrem größten Dienstpotential!

c) Das Herz

„Mehr als alles, was man <sonst> bewahrt, behüte dein Herz! Denn in ihm <entspringt> die Quelle des Lebens [wörtl.: *aus ihm sind die Ausflüsse des Lebens*]" (Spr 4,23).

Einer der wichtigsten Kanäle, durch den uns Gottes Ruf erreichen kann, ist unser Herz.
Der Hebräer versteht unter Herz weniger den Muskel als vielmehr das Zentrum des menschlichen Wollens und Strebens. Es gleicht einem Gefäß, das darauf angewiesen ist, inhaltlich gefüllt zu werden. Und je nach Füllung quellen aus ihm die unterschiedlichen Absichten, Entscheidungen und Lebensentwürfe, ja gewissermaßen unser Leben selbst.
Wir tragen auch die Dinge und Realitäten, nach denen wir streben, in unserem Herzen. In gewisser Hinsicht existieren sie dort bereits, auch wenn sie in der sichtbaren Welt noch gar nicht zu sehen sind.
Martin Luther King, einer der größten sozialen und gesellschaftlichen Reformer Amerikas, bietet ein besonders gutes Beispiel für die Dynamik und Kraft, die durch Herzensinhalte freigesetzt werden können. In seiner bekanntesten Rede schüttet er vor den Zuhörern einfach sein Herz aus: er nimmt sie mit hinein in einen „Traum" – den Traum von Gleichberechtigung zwischen Schwarzen und Weißen. Er entfaltet diesen Traum vor den inneren Augen seiner Zuhörerschaft und spricht davon, wie Schwarze und Weiße auf den gleichen Sitzen der gleichen öffentlichen Busse sitzen dürften und wie schwarze und weiße Kinder die gleichen Schulen besuchen und dieselben Bildungschancen haben. Und wie der Refrain eines Liedes durch-

zog es immer wieder seine Rede: „I have a dream ...!" – „Ich habe einen Traum ...!"
Dieser Traum hat ihn letztlich sein Leben gekostet, aber das tut jeder richtige Traum – nur die Art, wie wir unser Leben daran verlieren, ist unterschiedlich. Und das, was damals lediglich in seinem Herzen lebte, ist heute kein Traum mehr; es ist fast vollständig Wirklichkeit geworden.
King ist ein Beispiel von vielen. Egal ob Politiker, Krieger, Reformer oder Denker – wenn sie große Veränderungen bewirkt haben, wurden diese in ihren Herzen geboren.

So machtvoll unsere Träume und Visionen sind, so verheerend ist es, wenn wir sie verloren haben. Nach einigen englischen Übersetzungen (z. B. Newberry Bible) heißt es in Sprüche 29,18, dass ein Volk ohne Vision „verschwindet". Dasselbe gilt für einzelne Menschen ohne Perspektive: von ihnen und dem, was sie tun, bleibt nicht mehr viel übrig.

Dies wird zum Beispiel an dem Unglück der Menschen sichtbar, die alles haben und nicht mehr wissen, was sie sich noch wünschen, was sie noch erstreben könnten. In all ihrem Reichtum wird ihr Leben immer öder, denn sie haben keine Träume mehr. Ihr Leben nimmt zunehmend den Inhalt ihres Herzens an: Es wird leer.
Unser Herz hat also eine immense Bedeutung, denn aus ihm kommen – zum Guten wie zum Schlechten – „die Ausflüsse des Lebens" (Spr. 4,23).

Und so beginnt unsere Berufung normalerweise damit, dass Gott unser Herz mit Seinen Anliegen berührt (vgl. z. B. Apg 16,14; Jer 31,33; Röm 2,15), bevor unsere Füße folgen.
Uns wird auf diese Art ein „Bauplan" ins Herz geschrieben, bevor wir dann auf den Abschnitt der „Baustelle" geschickt werden, der auf diesem Plan abgebildet ist. Solche „Baupläne" kann man als Träume, man kann sie aber auch als Visionen bezeichnen. Durch sie lässt Gott Menschen teilhaben an Seinen Absichten für die Zukunft.
Er bereitet uns auf diese Weise nicht nur innerlich auf unseren Weg vor, sondern er beginnt diesen Weg dadurch bereits. So

wird unser Herz zu einem zentralen Kanal, durch den Gott uns rufen und lenken kann.
Und wenn wir uns an diese Anliegen hingeben, werden wir sehen, wie aus den Träumen Wirklichkeit wird. Aus diesem Grund sucht Gott Menschen, die Ihm ihr Herz zur Verfügung stellen.

Wie aber kann das geschehen? Setzt Hingabe an *Gottes* Absichten voraus, dass wir unsere *eigenen* Wünsche einfach verleugnen?
Ich denke nicht. Schauen wir uns einmal kurz das Gleichnis vom verlorenen Schaf an (Mt 18,12f). Bevor das verlorene Schaf nach Hause gebracht werden kann, muss es erst einmal *gefunden* werden. Das Gleiche gilt für uns: *bevor* Gott uns in Seinen Willen mit hineinnimmt, versucht Er erst einmal uns zu finden. Er stellt uns die gleiche Frage, die er Adam in Eden stellte: „Wo bist du?" (1. Mo 3,9).
Wusste Gott denn nicht, wo Adam sich versteckt hatte? Ich denke schon. Aber ich glaube, Adam wusste nicht mehr, wo er war.
Wenn Gott uns diese Frage stellt, erwartet Er nicht eine Aussage darüber, wo unser Körper sich gerade befindet. Er ist daran interessiert, wo wir uns innerlich befinden: Wo bist du in deinen Gedanken? Was bewegt dich? Welche Wünsche und Ziele hast du?
Es geht also eigentlich darum, unser Herz zu finden.
„Exerzitien" sind geistliche Übungen, die Ignatius von Loyola mit dem Ziel entwickelt hat, den Willen und den Ruf Gottes zu erkennen. Über sie heißt es:

„Als zweite bzw. dritte Vorübung durchzieht den ganzen Verlauf der Exerzitien die Anweisung: „... um das bitten, was ich will und wünsche." Wenn es darum geht, mein Leben nach dem Willen Gottes auszurichten, ist es dann noch wichtig, was ich will und wünsche? Wäre es nicht besser, das so schnell wie möglich zu vergessen oder – noch besser – sich diese Frage gar nicht zu stellen ...?" (Lefrank).

Viele Menschen denken so und vermeiden diese Fragen. Doch genau diese Fragen dienen dem Ziel Gottes, unser Herz zu finden. Und erst da, wo es gefunden wurde, kann es von Gott berührt, gezähmt und erfüllt werden.
Ansonsten würden wir weiterhin eine Marionette bleiben: Gottes Wille würde lediglich auf uns „draufgebügelt", statt in uns hineingelegt; wir würden den Anliegen Gottes folgen, wären aber nicht für sie gewonnen; wir würden von außen gesteuert, aber nicht von innen; wir würden funktionieren, aber nicht leben; wo unser Herz verschüttet wurde, würde es verloren bleiben. Und wir würden überall dort, wo der Wille Gottes unseren inoffiziellen Wünschen nicht entspricht, in einer heimlichen Enttäuschung leben, in einem Krieg mit Gott, der nie ausgefochten und deshalb auch nie beendet werden kann.
Deshalb soll unser Herz gefunden werden. Allerdings ist das nicht immer ganz einfach:

„Tatsächlich erfährt man als Begleiter in und außerhalb von Exerzitien immer wieder, daß Menschen auf die Frage: was wünschest und ersehnst du dir jetzt von Gott? keine Antwort haben. Es entsteht dann im Gespräch ein Schweigen, in dem Haltlosigkeit oder Verlegenheit spürbar wird. Manchmal kommt dann nach einer Weile eine Antwort, die nicht die spontane Frische von Sehnsucht und Wunsch hat. Es scheint eher etwas Erdachtes zu sein, das da laut wird. Mancher scheint nicht zu wissen, was er will, wohl aber, was er wollen sollte" (Lefrank).

Das Erste also, was vielen Menschen begegnet, wenn sie sich auf die Suche nach ihrem Herzen machen, ist nicht ihr eigener, sondern der Wille anderer für sie.
Diese Fremdansprüche wurden durch das jeweilige Umfeld geprägt und können kultureller, religiöser, nationaler oder familiärer Natur sein.
Petrus zum Beispiel musste erst von einigen religiösen Werten des Judentums befreit werden, bevor er in der Lage war, den Willen Gottes für die Nationen zu erkennen und zu tun (vgl. Apg 10,9-30).

Besonders häufig sind es die Vorstellungen der Eltern für das Leben ihrer Kinder, die übernommen und zu solchen Fremdansprüchen werden: Immer wieder wünschen sich Eltern, ihre Kinder mögen es einmal „besser haben". Und sie haben oft auch ziemlich genaue Vorstellungen, wie dieses „besser haben" im Einzelnen aussehen müsste.
In diesem Zusammenhang ist es sehr wahrscheinlich, dass wir auf „Delegationen" stoßen.
Als Delegationen werden Aufträge oder Missionen bezeichnet, die oft Generationen-übergreifend von Eltern an ihre Kinder weitergereicht werden. Sie sind nicht selten verknüpft mit Werten, Träumen und Zielen, die die Eltern in ihrem eigenen Leben nicht oder nur teilweise erreichen konnten. Daraus entsteht oft der unbewusste Wunsch, diese Ziele indirekt durch die Kinder zu verwirklichen.
Diese elterlichen Vorstellungen für das Leben ihrer Kinder sind wie ein Gleis, das in ihre Zukunft hinein gelegt wird.
Akzeptieren wir als Kinder dieses Gleis, so werden wir dadurch eingesperrt und festgelegt – und entwickeln mehr oder weniger ausgeprägte Züge von Marionetten.
Rebellieren wir dagegen in dem Versuch, unsere Freiheit zu bewahren, wo werden wir nicht ein-, sondern ausgesperrt – und tendieren zum Rebellen.
In beiden Fällen jedoch geht unser Herz verloren.

Ich erinnere mich noch gut an drei verschiedene Frauen, denen ich innerhalb von zwei Monaten begegnete. Sie hatten alle mit Erschöpfung bzw. einem Burnout zu kämpfen. Und bei allen dreien stellte sich heraus, dass ihre Eltern sich eigentlich einen Jungen gewünscht hatten. So hatten diese Mädchen daraufhin (bewusst oder unbewusst) die Entscheidung getroffen, ihren Eltern (oder sich?) zu beweisen, dass sie ebenso gut das Leben eines Mannes führen könnten wie ein Junge. Eine der Frauen erzählte mir, dass ihr erst auffiel, dass irgendetwas mit ihrem Leben nicht stimmte, als sie entdeckte, dass ihr Mann mit der Kaffeetasse am Gartenzaun stand und sich mit der Nachbarin unterhielt, während sie selbst dabei war, mit einer Spitzhacke die Wurzeln eines Baumes aus der Erde zu holen, den sie vorher eigenhändig gefällt hatte.

Bildlich gesprochen hatten alle drei angefangen, das Leben eines „Nashorns" oder „Elefanten" zu führen. Und möglicherweise dachten sie sogar, es würde ihrer Berufung entsprechen. Dabei waren sie doch von Gott als „Gazelle" geschaffen worden. Kein Wunder, dass diese Frauen irgendwann keine Kraft mehr hatten.

Nicht alle Gleise, die unsere Freiheit beeinträchtigen, werden von außen an uns herangetragen; manche Festlegungen haben wir selbst getroffen. Ich erinnere mich an einen jungen Mann, der ein Jurastudium begonnen hatte. Er merkte ziemlich bald, dass dieses Studium ihm nicht entsprach, wusste aber keine Alternative. Sein Vater war ein sehr erfolgreicher Chefarzt, allerdings hatte er wenig Zeit für die Familie. Und so hatte sich sein vernachlässigter Sohn irgendwann entschieden: „Ich werde nie so werden wie mein Vater!" Mit diesem Entschluss hatte er sich von allen Werten ausgesperrt, die seinem Vater entsprachen – sowohl von den weniger erstrebenswerten als auch den guten.

Als ihm diese Entscheidung eines Tages bewusst wurde und er sich davon trennte, geschah etwas: in den folgenden Tagen kam langsam und zaghaft ein Wunsch zum Vorschein, den er vorher nie wahrnehmen konnte; es war der Wunsch Medizin zu studieren. Und soweit ich weiß, hat er dieses Studium vor einiger Zeit erfolgreich beendet.

Es gibt also auch eigene Entscheidungen, die – ähnlich einer Selbstprogrammierung – irgendwann unserem sich verändernden Willen und möglicherweise auch dem Willen Gottes im Weg stehen.

Wenn wir dem Willen Gottes in unserem Herzen Raum geben wollen, kommen wir also zunächst mit allen möglichen anderen Inhalten in Berührung. Durch diese Inhalte hindurch begeben wir uns auf eine innere Reise, die sich anhand folgender Fragen skizzieren lässt: Was wollten andere für mich? Was will ich? Was will Gott?

• Was wollten andere für mich?

Je klarer wir diese Frage beantworten können, desto unwahrscheinlicher ist es, dass wir den Willen anderer mit unserem oder dem Willen Gottes verwechseln.
Zur Beantwortung ist es hilfreich, sich an das zu erinnern, was uns von unseren Eltern, Lehrern oder anderen für uns wichtigen Menschen an Erwartungen, Zielen und Werten vermittelt wurde: Was haben sie über uns gesagt, was mögen sie gedacht haben? Wie hätten wir selbst und unser Leben im Idealfall aussehen sollen?
Denken Sie dabei an Ihre Geburt, Ihr Geschlecht. Denken Sie an Dinge wie Kleidung, Frisur, Benehmen, Schulnoten, Hobbys, Ausbildung, Freunde, Finanzen …
Welche Erwartungen gab es diesbezüglich? Gab es Aussagen über Sie, die Sie immer wieder gehört haben? Wie haben Sie darauf reagiert?
Diese Fragen können schmerzlich sein. Aber auf diese Weise können wir Fremdträumen auf die Spur kommen und sie ihrer ursprünglichen Quelle zuordnen.
Und wir erhalten die Möglichkeit, ein paar Schritte zurückzugehen, uns das Ganze aus einem Abstand heraus anzuschauen und Stellung dazu zu beziehen: Was von diesen Werten finden wir selbst gut, was nicht? Das, was uns nicht entspricht, gehört ans Kreuz.

• Was will ich?

Je eindeutiger wir uns von den Wünschen und Ansprüchen anderer lossagen können, desto leichter werden wir mit unseren eigenen Wünschen in Berührung kommen. Wie kann das geschehen?
Nun, achten Sie mal darauf, wobei Ihr Herz aufgeht. Mein Herz geht beispielsweise häufig bei Sonnenuntergängen auf, bei Sternenhimmeln, bei bestimmter Musik, bei gemeinschaftlichem Spielen, bei einer Tasse Cappuccino, in der Anbetung und in der Gegenwart einiger Menschen … Nicht selten komme ich in diesen Situationen mit der Gegenwart Gottes in Berührung, und gleichzeitig wird mein Herz von seinen Anliegen berührt.

Oder machen Sie mal ein „heartstorming", d. h. schütten Sie Ihr Herz einmal völlig unsortiert aus – jemand anderem oder Gott. Was macht Ihnen Spaß? Was würden Sie tun, wenn Geld und Fähigkeiten keine Rolle spielten? Welche Wünsche, Sehnsüchte oder Lebensträume finden Sie in sich vor?
Es kann der Wunsch nach Tätigkeiten sein, die uns Freude bereiten, oder die Wahrnehmung, dass unser Herz bei bestimmten Menschen aufgeht oder für bestimmte Anliegen schlägt. Es kann etwas sein, das wir uns für uns selbst wünschen – einfach so.
Fällt es uns schwer, Antworten darauf zu finden, so ist es das Naheliegendste, einfach auf die anstehenden Herausforderungen und die vor uns liegenden Möglichkeiten zuzugehen und dabei auf die Wirkung zu achten, die sie in unserem Herzen erzeugen.
Diesen Weg finden wir auch in den Exerzitien wieder, denn:

„Der Exerzitant wird bei jedem Schritt gefragt: Was willst du? Dieses ständige Nachfragen hilft dem Exerzitanten dazu, in sich hineinzuhorchen und mit seinem inneren Sehnen und Suchen in Berührung zu kommen. Dabei wird er immer mehr die Vielschichtigkeit dieser inneren Wunschwelt entdecken. Er wird von den mehr oberflächlichen Wünschen zu den tiefen Bedürfnissen und zum ursprünglichen Sehnen seiner Seele finden" (Lefrank).

Mit dieser Vielschichtigkeit kam ich eines Tages anhand eines recht lustigen Beispiels in Berührung. Es gab jahrelang in meinem Herzen einen heimlichen Wunsch, den ich jedoch nie ernst genommen hatte, denn er war in meinen Augen eindeutig „ungeistlich". Es war der Wunsch, im Lotto eine Million zu gewinnen! Aber da dieser Wunsch immer wieder auftauchte, beschloss ich eines Tages, mal mit Gott darüber zu reden. Als ich Ihm davon erzählte, überraschte mich als Erstes das Gefühl, von Ihm wirklich ernst genommen zu werden. Gott wischte diesen Wunsch nicht einfach als „ungeistlich" vom Tisch, so wie ich es getan hatte, sondern stellte mir innerlich die Frage, was ich denn mit einer Million anfangen würde. Das wusste ich und erzählte Ihm, dass ich es nicht einfach ausgeben, sondern

so anlegen würde, dass ich mit den Zinserträgen immer ein finanzielles Polster hätte. Und auf einmal merkte ich, dass hinter dem Wunsch nach einer Million ein anderer Wunsch stand, nämlich der nach finanzieller Sicherheit. Gott fragte weiter: Wenn du nie wieder Geld brauchen würdest, wie würde sich das anfühlen? Ich dachte darüber nach und merkte, dass es ein sicheres Leben wäre – aber auch ein langweiliges! Ich bräuchte Seine Versorgung nicht mehr und würde wohl auch keine Wunder mehr in diesem Bereich erleben.
Und auf einmal stand ich vor einer neuen Wahl: entweder eine Million und ein sicheres, aber langweiliges und finanziell von Gott unabhängiges Leben – oder keine Million und ein spannendes Leben, in dem ich finanzielle Abenteuer mit Gott erleben und in diesem Bereich mit Seiner Liebe und Treue in Berührung kommen würde.
Ich merkte, dass ich mir diese zweite Möglichkeit eigentlich noch viel mehr wünschte, als die erste. So war ich durch verschiedene Herzensschichten hindurchgereist und stellte am Ende fest: es war eigentlich wirklich gut so, wie es war!

Dieses Beispiel enthält auch bereits den nächsten Schritt der Exerzitien, nämlich die Herzensinhalte, mit denen wir in Berührung kommen, zu Gott zu tragen:

„Der Exerzitant soll das, was er will und wünscht, zum Gebet machen.
Es ist eine falsche Alternative: Entweder ich bekomme, was ich will, oder ich will gar nicht. Es gibt eine dritte Möglichkeit: Ich will und lebe in der Offenheit, ob mein Wunsch erfüllt wird oder nicht. Falsches Leiden entsteht aus dem – versuchten – Verzicht auf den Wunsch statt auf das Gewünschte. Echtes Leiden ist das Ja zum Wunsch und führt (möglicherweise) zum Verzicht auf das Gewünschte“ (Lefrank).

Die verblüffende, aber sehr einfache Erkenntnis dieses Weges ist, dass Gott tatsächlich weniger unser Verhalten oder unseren Gehorsam, als vielmehr uns selbst sucht – als Gegenüber! Dies zu verstehen fällt besonders den Marionetten, aber auch den Rebellen schwer – ist aber für beide heilsam.

„Wir glauben, daß Gott uns liebt. Dann sind ihm unsere Sehnsüchte und Wünsche nicht gleichgültig. Deshalb vermögen wir uns mit ihnen ihm anzuvertrauen. Es ist wichtig, daß wir nicht nur unsere Wünsche anmelden und uns selber aus dem Spiel lassen, sondern daß wir uns selbst in und mit unserer Sehnsucht ihm anvertrauen. Nur so wird unser Gebet existentiell" (Lefrank).

Der Exerzitant *„... muß lernen, daß das erste und Grund-Gebot des Gottes des Alten und Neuen Bundes heißt: Ich will, daß du lebst! Das schließt ein, daß du dich liebst und zu dir stehst! Auf diesem Weg kann er später entdecken, daß seine eigentliche Schuld nicht darin bestand, dieses oder jenes Gebot übertreten zu haben und in diesem Sinne „den Willen Gottes nicht erfüllt zu haben", sondern darin – vielleicht mehr halbbewußt als bewußt – das Leben überhaupt verweigert zu haben.*
Von großer Hilfe ist dabei das Alte Testament. Es zeigt uns einen Gott, der Freude hat am Leben. Er ist der Schöpfer dieses Lebens, gerade auch in seiner vitalen Seite, aggressive und sexuelle Regungen mit eingeschlossen. Er scheut sich nicht, in seinen Verheißungen sehr konkret auf die sinnenhaften Wünsche und Sehnsüchte seines Volkes einzugehen. Wenn der Exerzitant so weit offen ist, daß er entsprechende Seiten des Alten Testaments an sich heranlassen kann, wird er dadurch ermutigt und befreit, den sich leise regenden eigenen Sehnsüchten mehr Achtung entgegenzubringen. Ein weiterer Schritt können die Passagen sein, in denen Menschen sich klagend, hadern und streitend mit Gott auseinandersetzen. In allen Tonarten darf mit Gott geredet werden, vorausgesetzt, es ist ehrlich" (Lefrank).

Aber hier noch eine Warnung: So wichtig dieser innere Weg auch ist, so schwer mag er uns manchmal fallen, denn wir machen uns auf diese Art verwundbar; wir liefern unser Herz der Möglichkeit aus, einem Nein zu begegnen, von Gott oder unserem Umfeld – und das tut weh. Wenn wir jedoch aus Angst vor einem möglichen Nein unser Wollen und Wünschen amputieren, dann liefern wir uns auf eine andere Art ebenfalls dem Leiden aus:

„Das echte Leiden entsteht daraus, daß meine Bedürfnisse, Wünsche und Sehnsüchte von meinen Mitmenschen und von Gott nicht immer erfüllt werden. Ich verlange nach etwas und bekomme es nicht. Ich liebe einen Menschen, und er antwortet nicht auf meine Liebe. Ich möchte etwas erzählen, aber die Menschen um mich haben keine Zeit, mir zuzuhören. Ich sage die Wahrheit, aber meine Bekannten glauben mir nicht. In meinem Wunsch oder Bedürfnis öffne ich mich. Ich werde dadurch verwundbar. Die Ablehnung oder Verwundbarkeit trifft mich …
Das falsche Leiden ist dagegen der Versuch, das echte Leiden zu vermeiden. Es wird mir nicht von außen, von anderen Menschen zugefügt, sondern ich füge es mir selbst zu …“ (Lefrank).

Darüber hinaus mag uns das Ja zu unserem eigenen Wollen dazu führen, dass wir dem Wollen unseres Umfeldes ein Nein entgegensetzen müssen. Und wenn wir aufhören uns anzupassen und den Erwartungen anderer zu dienen, werden wir häufig dem Schmerz begegnen, andere zu enttäuschen und selbst dafür abgelehnt zu werden.
Die ernüchternde, aber auch befreiende Wahrheit ist also: Wir haben eigentlich nicht die Wahl, *ob*, sondern nur *wie* wir leiden!
Wenn wir jedoch bereit sind, uns dem *echten* Leiden zu stellen, können wir getrost die nächste Frage stellen.

• Was will Gott?

Ich hoffe, es ist deutlich geworden, dass dies zwar eine äußerst wichtige, aber gleichzeitig eine Frage ist, die wir uns oder anderen tatsächlich zu früh stellen können – nämlich dann, wenn wir auf die vorhergehenden Fragen noch keine Antworten gefunden haben. In diesem Fall wären wir noch kein echtes Gegenüber für Gott.

„Ignatius scheint im Exerzitienbuch vorauszusetzen, daß diese Selbständigkeit und Eigenverantwortung bei jemand, der zu Exerzitien kommt, so weit entwickelt ist, daß er zu seinem

Wünschen und Wollen stehen kann. Dann kann er sich der Frage stellen, wie er damit vor Gott steht" (Lefrank).

Dabei kann es durchaus sein, dass Gottes Wille unseren eigenen tiefsten Wünschen entspricht. Tatsächlich denke ich manchmal, dass es keine falsche Sehnsucht gibt, wohl aber falsche Wege, um sie zu erfüllen!

Jesus hat zum Beispiel nichts gegen das Anliegen der Jünger, groß und geehrt zu werden, nur sein Weg dahin unterscheidet sich sehr von dem der Jünger (vgl Mt 20,26).

Jesus hat auch nichts gegen den Wunsch reich zu sein, aber die Geister scheiden sich bei der Frage nach dem Ort, an dem die Reichtümer gesammelt werden sollen – auf der Erde oder im Himmel (vgl Lk 18,22).

Das Gleiche trifft auf die Sehnsucht zu, Leben zu haben: Gott hat diese Sehnsucht für uns genauso wie wir; aber über den *Weg* ins Leben gibt es ganz unterschiedliche Vorstellungen (vgl z. B. Lk 17,33).

Ich lernte vor einigen Jahren eine Frau kennen, die Christin war, aber in einem Verhältnis mit einem verheirateten Mann lebte. Obwohl sie wusste, dass Ehebruch falsch war und wiederholt versucht hatte, die Affäre zu beenden, war sie immer wieder hineingerutscht. Ich erinnere mich noch daran, wie wir zusammen zu Gott gingen, um Ihn um Rat zu fragen:

Ich hatte während dieser Gebetszeit den Eindruck, als würde diese Königstochter immer wieder zu einem dunklen Teich gehen und sich auf allen Vieren niederlassen, um zu trinken. Das Wasser war unsauber und bitter und verursachte Magenkrämpfe und Übelkeit – und trotzdem trank sie immer wieder! Als ich mich fragte, warum sie das denn tat, sah ich auf einmal, dass sich etwas in der Wasseroberfläche spiegelte: es war der Himmel! Und genau den suchte sie eigentlich – landetet aber ganz woanders.

Gott sagte dann zu ihr: Meine Tochter, erhebe dich, steh auf und schau nach oben – dort ist der Himmel!

Als ich ihr diesen Eindruck weitererzählte, weinten wir beide. Sie hatte sich selbst nicht verstanden, sich für ihr Verhalten verdammt und versucht, sich diese Sehnsucht, die sie immer wieder in die Arme dieses Mannes trieb, aus dem Herz zu reißen.

Aber sie hatte es nie geschafft, denn es war letztlich eine Sehnsucht, die Gott selbst hineingelegt hatte – die Sehnsucht nach dem Himmel. Ihr Weg dorthin allerdings war zerstörerisch und hatte sie von ihrem eigentlichen Ziel nur immer weiter weg gebracht.
Wie war Gott mit ihr umgegangen? Er hatte ihre wahre Sehnsucht angesprochen und ihr einen neuen Weg ins Leben angeboten – einen Weg, der seine Versprechen halten würde.

Oft prallen allerdings genau bei dieser Frage nach dem Weg die menschlichen Vorstellungen und die göttlichen Vorstellungen aufeinander.

Einer meiner ehemaligen Leiter kam aus dem Missionsfeld von Peru nach Deutschland zurück und wurde von einem christlichen Werk gebeten, die Leitung einer Therapieeinrichtung für Drogensüchtige zu übernehmen. Als er diese Einrichtung besichtigte und die Unordnung und die Schwierigkeiten sah, wurde ihm sehr schnell klar, dass er bereit war, alles Mögliche zu tun, aber nicht, die Arbeit dort zu übernehmen. Infolgedessen traf er mit Gott eine fast unmögliche Abmachung: Wenn sich noch am selben Abend drei der ihm völlig fremden Menschen bei ihm bekehren würden, dann wäre er bereit, ja zu sagen. Und das Unmögliche geschah: Im Laufe des Abends kam einer nach dem anderen zu ihm, bis drei Menschen ihr Leben Jesus übergeben hatten.
Damit war der Leiter in seiner Abmachung mit Gott „gefangen" und musste wohl oder übel sein Versprechen einlösen. Mittlerweile sagt er allerdings, er wolle das oft herausfordernde und schwierige Leben unter diesen Menschen nicht mehr gegen irgendein anderes eintauschen.

„Um was es hier geht, kann man nüchtern mit dem Wort Konfliktfähigkeit benennen. Wo zwei Willen aufeinandertreffen, kann es zum Konflikt zwischen den beiden kommen. Ignatius scheint diesen Konflikt zwischen dem Willen Gottes und dem Wollen des Exerzitanten nicht zu scheuen. Er scheint vielmehr davon auszugehen, daß dieser Konflikt da ist und offen gelebt werden muß. Indem er ständig danach fragt, was der Exerzi-

tant sucht und will, hilft er ihm dazu, sich sein Wünschen und Wollen einzugestehen und zum Gebet zu machen. Das Gebet rückt so immer mehr von der Oberfläche in die Mitte seines Lebens. Es wird zum Ort existentieller Auseinandersetzung" (Lefrank).

Die Bibel beschreibt diese Auseinandersetzung folgendermaßen:
„Denn das Fleisch begehrt gegen den Geist auf, der Geist aber gegen das Fleisch, denn diese sind einander entgegengesetzt, damit ihr nicht tut, was ihr wollt" (Gal 5,17).
Häufig sind wir uns dessen gar nicht bewusst, aber der größte Nebenbuhler Christi in unserem Leben ist in erster Linie nicht Satan, sondern sind – wir selbst! Dort, wo wir nicht an Gott hingegeben sind, sind wir es an uns. Satan ist der besiegte Gegenspieler Gottes, wir aber können uns immer noch zwischen den Reichen des Lichtes und der Finsternis entscheiden. So gesehen besteht auch der größte Kampf um unser Leben nicht zwischen uns und Satan – er besteht zwischen uns und Gott! Dieser Kampf wird so lange andauern, wie wir glauben, uns selbst ein guter Herr sein zu können. Erst in dem Maße, in dem wir uns und Gott wirklich kennen lernen, werden wir sehen können, dass unsere Hand uns den Tod, die Hand Gottes aber Leben bringt (vgl. Röm 7,24f).
Je mehr uns die Liebe und lebendige Wahrheit Gottes berührt, umso tiefer wird unser Herz gewonnen. Schließlich wird es zu einem Kanal für die Anliegen Gottes und zu einem „Kompass", durch den der Heilige Geist führt und leitet. Es ist dann Gott, *„der in euch das Wollen und Vollbringen bewirkt"* (Phil 2,13).
Alex Lefrank schreibt über den Weg der Exerzitien:

„Wenn wir … mit Gott ins Gespräch kommen, klärt sich dabei auch, welcher von den vielen Wünschen, die wir in uns entdecken, jetzt wichtiger ist …
Er führt uns einen Weg der Klärung, Ordnung und Reinigung. So wächst unser Wollen und unsere Freiheit allmählich hin zur Einheit mit dem Willen Gottes, der uns unendlich liebt und das Beste für uns will" (Lefrank).

Ich glaube, diese Grundlage setzt Floyd McClung voraus, wenn er denjenigen, die sich nach ihrer Berufung ausstrecken, rät, ihre Herzenswünsche ernst zu nehmen.

„Manchmal kommen Leute zu mir und wollen Rat hinsichtlich ihrer Führung. Dann antworte ich ihnen: ‚Nimm deine natürlichen Wünsche und Sehnsüchte ernst. Was macht dir Spaß? Tu, was dir Spaß macht!‘ Sie sind dann oft verblüfft, aber eigentlich sollten sie das nicht sein. Gott hat uns so erschaffen, wie wir sind, und wenn wir das Verlangen spüren, etwas zu tun, und die Fähigkeiten dazu haben, dann könnte es gut sein, daß er möchte, daß wir das auch zu seiner Ehre ausführen“ (McClung S. 41).

Letztlich wies der Schriftsteller Rainer Maria Rilke einen jungen Dichter, der in seiner Berufung unsicher geworden war, auf genau diese Möglichkeit hin, als er schrieb:

„Niemand kann Ihnen raten und helfen. Es gibt nur ein einziges Mittel, gehen Sie in sich. Erforschen Sie den Grund, der Sie schreiben heißt. Prüfen Sie, ob er in der tiefsten Stelle Ihres Herzens seine Wurzeln ausstreckt, gestehen Sie sich ein, ob Sie sterben müßten, wenn Ihnen versagt würde zu schreiben. Dieses vor allem: Fragen Sie sich in der tiefsten Stunde Ihrer Nacht: Muß ich schreiben? Graben Sie in sich nach einer tiefen Antwort. Und wenn diese zustimmend lauten sollte, wenn Sie mit einem starken und einfachen ‚Ich muß‘ dieser ernsten Frage begegnen dürfen, dann bauen Sie Ihr Leben nach dieser Notwendigkeit. Ihr Leben bis hinein in seine gleichgültigste und geringste Stunde muß ein Zeichen und Zeugnis werden diesem Drange“ (Rilke, zitiert nach: Körner S. 44).

Worauf werden Sie stoßen, wenn Sie diese Anregung von Rainer Maria Rilke auf sich selbst anwenden würden?

d) Das Reden Gottes

Einer der wichtigsten Kanäle für Berufung ist das Reden Gottes.

Die Bibel ist entstanden, Propheten wurden geschickt, Jesus – das lebendige Wort Gottes – kam auf die Erde, und schließlich wurde der Heilige Geist ausgegossen; dies alles geschah aus einem Anliegen: dem Wunsch Gottes, mit Seinen Kindern zu sprechen. Durch die gesamte Heilsgeschichte hindurch bis heute bestand das Problem noch nie darin, dass Gott nicht reden würde, sondern darin, dass Seine Kinder meistens nicht zuhören. Manchmal hat das mit Ungehorsam zu tun, häufiger jedoch einfach mit Unwissenheit.
Jesus sagt in Joh 10,27: *„Meine Schafe hören meine Stimme"*. Das entspricht weniger einer Forderung, die uns auferlegt wird, als vielmehr einem Versprechen, das Gott uns macht. Wir können Seine Stimme hören! Wie aber kann das geschehen? Welche unterschiedlichen Kanäle kann der Heilige Geist benutzen, um zu uns zu reden?

• Die Bibel
Die Bibel ist der wahrscheinlich bekannteste und grundlegende Kanal für das Reden Gottes. Immer dann, wenn einem Menschen ein altbekannter Bibelvers neu aufgeht, wenn er ihn persönlich anspricht und berührt, als wäre er nur für ihn geschrieben, erlebt er, wie Gott diesen Vers nimmt, um dadurch zu ihm zu sprechen. Von welchen Bibelversen wurden Sie in letzter Zeit berührt? Haben diese Verse eine Gemeinsamkeit?

• Stille Zeit
Gott hat auch die Möglichkeit, unmittelbar zu unserem Bewusstsein zu sprechen. Viele Menschen erleben, wie ihnen Dinge in der Stille oder im Gebet klar werden. Dies hängt damit zusammen, dass der Heilige Geist die Ordnung Gottes in ihre innere Welt hineinschreibt. Allerdings ist es nicht immer leicht, dieses oft sanfte und unauffällige Reden des Heiligen Geistes in uns wahrzunehmen. Henry Nouwen schreibt:

„Wenn man dann beginnt zu beten, dann heißt das zuerst, auf Gott zu hören, der uns Geliebte nennt.
Versuchen Sie es! Setzen Sie sich, schließen Sie Ihre Augen und beschließen Sie betend zu hören. Wenn ich das mache, und mich für vielleicht eine halbe Stunde hinsetze – kein Ra-

dio, kein Fernsehen, kein Buch –, was höre ich? Ich fürchte, daß ich nicht Gott höre. Ich höre: ‚Ich sollte dies tun. Ich vergaß jenes. Heute Nachmittag sollte ich meinen Bruder anrufen. Ich habe vergessen, meiner Mutter zu schreiben. Ach! Er, sie …‘ Kennen Sie das? Versuchen Sie, sich hinzusetzen und nichts zu tun! Ihr Innenleben sieht aus wie ein Bananenbaum, in dem lauter Affen herumspringen. Da ist nichts davon, daß Gott sofort zu mir sprechen würde. Nein, er *spricht nicht, sondern was ich höre, bin ich, meine Gedanken, meine Sorgen. Und während das immer schlimmer wird, sagt man irgendwann: ‚Ich glaube, ich gehe lieber und fange an, etwas zu tun, weil ich all diese Stimmen nicht mehr hören will.‘*
Beten aber bedeutet immer noch, über all diesen Lärm hinwegzugehen und allmählich auf die Stimme zu hören, die viel sanfter und viel tiefer ist und mich den Geliebten nennt".

Die Wahrnehmung dieser Stimme kann ganz unterschiedlich sein: Zu manchen Menschen spricht der Heilige Geist besonders durch Gedanken, zu anderen durch bildhafte Eindrücke, wieder anderen kommen Bibelstellen in den Sinn oder Lieder. Selbst unsere Gefühle oder unser Körper können vom Heiligen Geist berührt und als Kanal gebraucht werden.
Viele Menschen haben jedoch eine besondere Vorstellung davon, auf welche Weise Gott zu ihnen reden müsste (zum Beispiel durch innere Bilder). Wenn Gott dann einen ganz anderen Kanal gebrauchen möchte (zum Beispiel ihre Gedanken), können sie das nicht wahrnehmen und meinen, der Heilige Geist hätte nicht zu ihnen gesprochen.
Wenn man mit einem bestimmten Anliegen oder einer Frage zu Gott geht, ist es hilfreich, dieses Hören auf Gott in einer Gruppe zu üben: Was man selbst zu hören meint, kann dort von den Eindrücken der anderen bestätigt, korrigiert und ergänzt werden.
Mit der Erfahrung wird neben dem Glauben auch die Bereitschaft wachsen, sich dieser Art von Gottes Reden stärker auszusetzen, und mit dieser Bereitschaft werden wiederum die Erfahrungen zunehmen, sodass wir die Stimme Jesu immer besser kennen- und auch zu unterscheiden lernen.

• Die Charismen (vgl 1 Kor 12)
Auf diese Art können wir mit Charismen in Berührung kommen: Das, was in der Gegenwart Gottes an Worten oder Bildern in unserem Bewusstsein auftaucht, kann sich als Wort der Erkenntnis, der Weisheit oder als prophetischer Eindruck für uns oder jemand anderen erweisen. Auch durch die Gaben anderer kann Gott zu uns sprechen.

• Predigten
Ein weiterer Kanal für Gottes Weisungen sind Predigten. Kennen Sie das Gefühl, der Prediger würde – obwohl er Sie vielleicht gar nicht kennt – nur für Sie allein predigen?
Gibt es Botschaften, die Sie „verfolgen"? Dann ist normalerweise der Heilige Geist am Werk!

• Zeugnisse, Bücher
Genauso kann er auch durch Zeugnisse oder Bücher zu uns sprechen. Welche Zeugnisse berühren Sie am meisten? Berichte von Heilungen, Bekehrungen, Führung, Befreiung, Versöhnung, Gemeindebau, Wundern …? Welche Bücher oder Biographien sprechen Sie am meisten an?
Normalerweise werden wir von den Berichten am meisten berührt, die den Anliegen entsprechen, die wir selbst (bewusst oder unbewusst) auf dem Herzen haben und die dann auch mit größerer Wahrscheinlichkeit unserer eigenen Berufung entsprechen.

• Zeiten der Anbetung
Es heißt, dass Gott im Lobpreis Seines Volkes wohnt. So ist es auch nicht verwunderlich, dass wir Ihm in Zeiten der Anbetung intensiv begegnen. Achten Sie doch mal darauf, wie Sie in solchen Begegnungen berührt werden – mit welcher Sehnsucht, welchen Bildern, welchen Sätzen?

Eine Schatztruhe

Ich habe vor einigen Jahren ein Büchlein angelegt, in das ich alle Eindrücke schrieb, die mir im Laufe meines Lebens mit auf den Weg gegeben wurden – angefangen von meinem Konfirma-

tionsspruch (zu einem Zeitpunkt, an dem ich noch gar nicht an Gott interessiert war) bis hin zu aktuellen Eindrücken für mich. Was mich am meisten berührte, war der rote Faden, der sichtbar wurde: Gott hatte mich auf unterschiedliche Art in großer Treue über Jahre hinweg immer wieder in die gleiche Richtung gerufen! Und so war dieses Büchlein regelrecht zu einer geistlichen Schatztruhe geworden.
Was halten Sie davon, sich ebenfalls so eine Schatztruhe anzulegen, um die persönlichen Worte Gottes darin zu sammeln?

e) Bestätigung und Korrektur durch andere

Nach *„einem schönen Wort von Dietrich Bonhoeffer ist es ‚Christus im Bruder', der oft mehr erkennt und deutlicher unterscheidet ‚als Christus im eigenen Herzen'"* (Greshake S. 122).
Uns so ist der fünfte Bereich, durch den Gott uns auf unserem Weg gern leitet, die Bestätigung oder Korrektur durch andere Menschen. Wir können sie auf direktem Weg erhalten, indem andere uns darüber informieren, was sie sehen, spüren oder denken, wenn sie mit uns in Berührung kommen. Und wenn es positive Rückmeldungen gibt, die immer in die gleiche Richtung gehen, dann nehmen Sie das ruhig ernst! Holen Sie sich diese Rückmeldungen, wenn Sie unsicher sind!
Es ist sehr ermutigend, soziale Bestätigung und Korrektur zu erhalten. Solche Rückmeldungen können ein wichtiger Prüfstein für das sein, was wir selbst über uns glauben. Doch werden nicht jederzeit durch jeden Menschen konstruktive Rückmeldungen erfolgen; einige werden möglicherweise sogar das Gegenteil tun und den Weg und das Anliegen des Berufenen bewusst oder unbewusst bekämpfen. David ist ein gutes Beispiel für einen Mann, dessen Berufung stark umkämpft war: Er wurde von Saul jahrelang verfolgt, obwohl er von Gott bereits als König eingesetzt worden war (vgl. 1 Sam 18-29).
Das Ausschlaggebende ist nicht, dass alle zustimmen, sondern was Menschen mit „geöffneten Augen" sehen, wenn sie uns anschauen.

Es gibt auch indirekte Bestätigung. Es kann zum Beispiel sein, dass sich uns wiederholt Menschen mit ähnlichen Anliegen zuwenden oder anvertrauen, während sich in anderen Angelegenheiten niemand an uns wendet.
Eine Frau erzählte mir, sie würde immer wieder von Menschen aufgesucht, die mit den gleichen gravierenden Problemen zu kämpfen hätten wie sie selbst einst, und sie erwähnte ihr Gefühl der Hilflosigkeit. Trotzdem würden die Menschen nicht aufhören, zu ihr zu kommen.
Wenn so etwas geschieht, ist auch das ein Hinweis darauf, dass unser Umfeld etwas von dem spüren kann, was Gott in uns hineingelegt hat.

Praktische Tipps

Es ist bei der Suche nach Gottes Berufung hilfreich, in allen fünf Kategorien der Berufungshinweise nach „Puzzelsteinen" zu suchen. Jeder Bereich kann verschiedene inhaltlich wertvolle Anhaltspunkte liefern, die uns, wenn wir sie zusammenfassen, einen „roten Faden", eine Sicht für die Anliegen Gottes in unserem Leben vermitteln können. Das Bild, das diese Hinweise insgesamt ergeben, können wir wie eine Schablone auf verschiedene zukünftige Möglichkeiten unseres Lebens legen und schauen, was dieser Schablone am ehesten entspricht.
Vielleicht ist dann bereits alles klar, und es geht nur noch darum, den sich abzeichnenden Weg Schritt für Schritt zu gehen. Möglich ist aber auch, dass noch offene Fragen bleiben: Ist dies oder jenes wirklich Berufungshinweis oder doch eher nicht? Was, wenn ich zu viele oder auch widersprüchliche „Puzzelsteine" gesammelt habe? Und welche der resultierenden praktischen Möglichkeiten entsprechen am ehesten dem Weg Gottes?
Wir stehen dabei vor einer ähnlichen Aufgabe wie jemand, der aus einem großen, bunt gemischten Blumenstrauß die Rosen heraussuchen möchte. Um dies zu tun, muss er die Eigenschaften der Rose kennen. Aber allein das Wissen um die Farbe, den Geruch und die Dornen der Rosen nützt ihm nichts; solange er eine Binde vor den Augen trägt, wird er sie nicht sehen, solange

er starken Schnupfen hat, wird er sie nicht riechen, und wenn er dicke Lederhandschuhe trägt, wird er sie nicht ertasten können.
So wie dieser Mensch ist auch der Berufene von zweierlei abhängig: vom *Wissen* um die Eigenschaften des Rufes Gottes und von der *Fähigkeit*, diese auch *zu erkennen.*
Was nun hilft uns dabei? Um diese Frage soll es in den folgenden Abschnitten gehen.

Die Trostregel

Wie wir wissen, erreicht uns jeder Ruf Gottes durch den Heiligen Geist und trägt auch Seine Handschrift. Greshake schreibt über dessen charakteristische Eigenschaften:

„Zu den erfahrbaren Merkmalen und Kriterien des Heiligen Geistes gehört nach der Schrift, daß er Einheit und Eintracht, Freude und Frieden schafft, und zwar nicht nur unter den verschiedenen Menschen, sondern auch im eigenen Herzen, daß er also das eigene Selbst zur Übereinstimmung mit sich, zur inneren Harmonie und Identität, zum Frieden bringt. Und darum ist der vom Geist vermittelbare Ruf Christi an mich daran erkennbar und erfahrbar, daß dieser Ruf Freude und Frieden schenkt, daß er (...) das Herz mehr sammelt und vereint'" (Greshake S. 113).

Der Heilige Geist wird auch als „Beistand" oder „Tröster" bezeichnet (z. B. Joh 14,15). In diesem Zusammenhang hat Ignatius von Loyola die so genannte „Trostregel" aufgestellt. Sie hilft uns zu unterscheiden, ob eine innere Stimme, ein Impuls vom Geist Gottes herrührt oder nicht:

„Es ist Gott und seinen Engeln eigen, bei ihren Anregungen wahre Fröhlichkeit und geistliche Freude mitzuteilen und alle Traurigkeit und Verwirrung, die der Feind einflößt, zu entfernen; diesem ist es eigen, gegen solche geistliche Fröhlichkeit und Tröstung anzukämpfen, indem er Scheingründe, Spitzfindigkeiten und anhaltende Täuschungen anwendet" (Ignatius S. 108).

Wenn man sich allerdings die biblischen Berufungserlebnisse anschaut, dann ist zunächst nicht unbedingt Freude oder gar Fröhlichkeit auf Seiten der Berufenen zu bemerken, sondern oft Furcht oder gar Todesangst (vgl. Jes 6,5). Weil der Trost des göttlichen Rufes vom Angerufenen nicht immer sofort erlebt wird, erscheint es ratsam, mit dieser Regel behutsam umzugehen. Greshake schreibt deshalb weiter:

„Gottes Ruf ist so, daß ich im letzten und tiefsten auch weiß und erfasse, daß es so gut, recht und schön ist, diesem Ruf zu folgen. Es kann aber durchaus so sein, daß mich ein Anruf Gottes zunächst einmal beunruhigt und in Angst, Schrecken und Panik statt in Trost, Freude und Friede versetzt, daß er also aufregt und aufscheucht oder bedrückt und ratlos macht. Denn Gott will ja mit seinem Ruf den Menschen in Bewegung setzen. Da dieser sich aber oft ganz schön eingerichtet und bei sich selbst abgesichert hat, kann der Ruf sich nicht selten zunächst einmal als sehr unangenehm und störend erweisen. Doch da, wo ein inneres Drängen und Unruhigsein sich über längere Zeit als etwas erweist, das wahre Freude und tiefen Frieden, kurz: Trost schenkt, ist ein deutlicher Hinweis gegeben, daß hier wirklich Gottes Ruf an mich ergeht“ (Greshake S. 114).

So ist das Kriterium des Trostes nach Greshake *„nicht einfach daran zu messen, ob er hier und jetzt Freude und Frieden bringt, sondern ob sich das intendierte Verhalten oder Tun in das Ganze des Lebens freud- und friedvoll integrieren läßt“* (Greshake S. 115). Dabei versteht er unter der Lebensganzheit nicht nur die Einheit verschiedener inhaltlicher Lebensbereiche, sondern auch den zeitlichen Umfang von der Geburt bis zur Stunde des Todes.
Anders ausgedrückt, lässt sich der Ruf des Heiligen Geistes also nicht daran erkennen, dass er immer Spaß macht, sondern daran, dass er gut tut. Es gibt eine Menge Entscheidungssituationen, in denen sich nicht beides miteinander vereinbaren lässt; häufig muss man den Spaß des Augenblicks dem Glück der Lebensganzheit opfern.

Der Alltag liefert eine Fülle von Beispielen dafür: Es macht nicht immer Spaß, abends rechtzeitig ins Bett zu gehen – aber es tut auf Dauer gut; und auch das Einhalten von Verkehrsregeln, das Erledigen von Hausaufgaben oder Gehorsam gegenüber Gott machen nicht unbedingt Spaß – aber es wird uns gut tun. Wenn wir ehrlich sind, können wir diesen Unterschied in den meisten Entscheidungssituationen sehr schnell feststellen.

Schließlich suchen wir ja mit Gottes Berufung nicht in erster Linie *unseren* Vorteil oder *unser* Wohlbefinden, sondern den Willen Jesu – und das Reich des Vaters. Und dort, wo wir dieses Reich finden, wird es uns besser gehen, als es uns gehen würde, wenn wir nur unseren Vorteil gesucht hätten. Berufung also …

„ … zeigt sich als die Herausforderung, die mich mehr über mich selbst hinaus ruft: mich selbst im Sinne dessen, der da zunächst für sich selbst da ist und der so gerne bei sich selbst zu Hause bleiben möchte; der es so gerne bei sich häuslich einrichten würde. Aber gerade dadurch kämen wir nicht zu uns selbst, sondern griffen nur unsere Nichtigkeit“ (Casper S. 23f).

Indifferenz

Haben wir mit der Trostregel nun ein Unterscheidungskriterium an der Hand, so stellt sich als Nächstes die Herausforderung, dieses Werkzeug einzusetzen. Ob und wie ich jedoch davon Gebrauch mache oder machen kann, inwieweit ich innerliches Drängen und äußerliche Impulse überhaupt wahrnehmen und die Trostregel darauf anwenden will und kann, all das hat etwas mit mir, meiner Hingabebereitschaft an Gottes Ruf, aber auch meiner Unterscheidungs- und Erkenntnisfähigkeit zu tun.
Ignatius von Loyola führt in seinem Exerzitienbüchlein die Bereitschaft zur „Indifferenz“ als Voraussetzung für das Hören und Erkennen des Rufes Gottes an. Sie sei Voraussetzung für jegliches geistliches Tun.

Indifferenz bedeutet hier nicht Gleichgültigkeit, in dem Sinne, dass es dem indifferenten Menschen egal wäre, was passiert.

Indifferenz steht für eine Freiheit des Herzens und für die Bereitschaft, sich auf das einzulassen, was Gott gibt, selbst wenn man ursprünglich etwas anderes wollte. Sie beschreibt ein inneres Gleichgewicht, eine Ausgewogenheit – einer gut geeichten Waage vergleichbar – welche es ermöglicht, in sensibler Weise Impulse wahrzunehmen, die Trostregel darauf anzuwenden und entsprechend darauf zu reagieren.
Woher weiß ich aber, ob ich mich in diesem Gleichgewicht befinde oder nicht? Greshake leitet die entscheidende Testfrage her, nämlich die Frage nach der Freiheit zum jeweiligen Gegenteil:

„Eine Testfrage, ob wir im Gleichgewicht sind, und damit überhaupt imstande, Gottes Ruf zu hören, ist die Frage, ob wir nicht schon a priori so fixiert sind auf ein selbstfabriziertes Lebensprojekt, daß Gottes Ruf, der möglicherweise in ein anderes Lebensprojekt hineinruft, uns gar nicht mehr erreichen kann. (...) ‚Wir sollen unser Verlangen nicht auf Gesundheit oder Krankheit fixieren, nicht auf Wohlstand oder Armut, Erfolg oder Versagen, ein langes Leben oder ein kurzes Leben. Denn alles hat in sich die Möglichkeit, in uns eine tiefere Antwort hervorzulocken für unser Leben in Gott.' Ignatius (...) will damit sagen: Fixiere dich nicht auf etwas Bestimmtes, sondern halte dich von dir her gesehen, wenn du noch nicht gebunden bist, offen für einen Ruf, für eine Verfügung Gottes" (Greshake S. 119).

Deshalb ist die entscheidende Frage, ob wir überhaupt offen sind für Gottes Reden oder möglicherweise schon ganz und gar fixiert auf unsere eigenen Vorstellungen und Wünsche:

„Haben wir die Freiheit zum Gegenteil? Bleiben wir bei dem Gedanken ruhig und gelassen, daß vieles, was wir vorhaben, anders werden oder sich nicht einstellen könnte? Bleibt die Seele dabei ausgeglichen wie eine Waage im Gleichgewicht?" (Schaller S. 104f.).

Diese Frage ist ein Schlüssel zu unseren tieferen und bis dahin oft unbewussten Beweggründen:

„Sie vermag unsere Motive auf ihre Stichhaltigkeit zu prüfen und lockt unter Umständen viele zweifelhafte Antriebe, von denen wir nicht einmal etwas ahnten, ans Tageslicht. Gerade in einer ängstlichen Abwehr gegen das, was den gefaßten Plan in Frage stellen könnte, verraten sich oft unbewußte Charakterzüge“ (Schaller S. 105).

„Und darum, wer entschlossen ist zu heiraten, sollte sich einmal fragen: Hätte ich die Freiheit, auch ‚ehelos um des Reiches Gottes willen‘ zu leben? Und wer bereit ist, den ehelosen Weg zu gehen, sollte sich fragen: Warum eigentlich nicht heiraten? Was wird da an Emotionen wach, wenn man solche Fragen erwägt und sich so auf die ‚Waage der Indifferenz‘ stellt?“ (Greshake S. 119f.).

Durch dieses oft etwas schmerzhafte Fragen kommen wir mit unserer inneren Freiheit – oder Unfreiheit – in Berührung. Wie aber erlange ich Indifferenz, wenn sie mir fehlt?

Das Fundament

Die Grundlage von Indifferenz wird von Ignatius als „Fundament“ bezeichnet. Es steht für eine bestimmte Art von Beziehung zu Gott und den „Dingen“ dieser Welt. Unter den „Dingen“ versteht Ignatius – nach Greshake – *„alles andere, was nicht Gott und nicht ich selbst bin, also: meinen Beruf, meine Tätigkeit, meine Beziehungen, meine Begegnungen, der Umgang mit Menschen, meine Freizeit, kurz: alles, was es gibt“* (Greshake S. 118). Er schreibt:

„Alle Dinge dieser Welt sind Geschenke Gottes, uns angeboten, damit wir ihn leichter erkennen und uns ihm bereitwilliger liebend zurückgeben“ (Ignatius, in der freien Übersetzung von: Greshake S. 117f.).

Die Dinge sind also von Gott her lediglich als Kanal gedacht, durch den Er Seine Liebe zu uns fließen lässt, mit dem Ziel, uns näher zu sich zu ziehen. Sobald sich allerdings eines dieser „Dinge“ verselbständigt und aus diesem Bezugssystem austritt,

ist es sehr wahrscheinlich, dass es die Liebe Gottes nicht mehr weiterleiten kann und mich letztlich von dieser trennt:
„Daraus folgt, daß wir alle diese Geschenke Gottes so weit schätzen und benutzen, als sie uns helfen, uns zu liebenden Menschen zu entwickeln. Wenn jedoch eine dieser Gaben Mittelpunkt unseres Lebens wird, ersetzt sie Gott und hindert unser Wachsen auf das Ziel hin" (Ignatius, in der freien Übersetzung von: Greshake S. 118).

Und genau dies ist das „Fundament": es besteht aus einer Ordnung in unserem Herzen, bei der Gott an erster Stelle steht. Dann finden auch alle anderen Dinge ihren rechtmäßigen Platz und sind offen dafür, dass durch sie Gottes Liebe fließen und Sein Ruf uns erreichen kann. Wenn dies der Fall ist, befindet sich unsere innere Waage im Gleichgewicht – in „Gleichmütigkeit", wie Ignatius sagt:

„Darum ist es notwendig, uns allen geschaffenen Dingen gegenüber gleichmütig (indiferentes) zu verhalten in allem, was der Freiheit unseres freien Willens überlassen und nicht verboten ist" (Ignatius S. 25).

Wo dieses Gleichgewicht nicht bewahrt wird, ähneln wir einem Menschen, dem Gott einen Wegweiser an den Weg stellt mit der Absicht, den Betreffenden zu sich zu leiten. Der Mensch jedoch schaut den Wegweiser an, sieht die Schönheit der Farben und des Schnitzwerkes und schlägt dort seine Zelte auf, um nie wieder auf die Schönheit dieses Anblicks verzichten zu müssen.
Wenn das geschieht, wird der Reichtum und der Lebensgehalt der Gabe beschnitten – die Attraktivität des Wegweisers nimmt immer mehr ab. So kann gerade das, was Gott gab, um uns zu sich zu ziehen, von uns gebraucht werden, um Gott fernzubleiben.

Aus diesem Grund schickt Gott immer wieder Zeiten der Buße, in denen ein Mensch gedrängt wird, ihm die „Dinge" seines Lebens zurückzugeben und Jesus um seiner selbst willen zu suchen.

Ich habe oft erlebt, wie dann mit der Gegenwart Gottes der Reichtum und die Schönheit dieser einzelnen „Dinge“ zurückkehren: in der Ehe, im Beruf, in der Freizeit …

Die eigene Todesstunde

Es kann ebenfalls hilfreich sein, sich vor wichtigen Entscheidungen gedanklich in die eigene Todesstunde hineinzuversetzen. Dann kann vom zukünftigen Lebensende her überlegt werden, welche Entscheidung man aus dieser Sicht getroffen haben möchte. Indem wir dies tun, schärft sich unser Blick für das Wesentliche und das Nichtige. Denn im Tod gewinnen vor dem verblassenden Umfeld anscheinend die Werte an Klarheit und Kraft, die in der Ewigkeit Bestand haben. So können wir Abstand, eine neue Freiheit (Indifferenz) und damit neue Entscheidungsvollmacht gewinnen.
Ich stand vor vielen Jahren vor der Entscheidung, bei IGNIS Christliche Psychologie zu studieren, oder nicht. Als ich das erste Mal von dieser Möglichkeit gehört hatte, war bei der Vorstellung, Jesus als Psychologe zu dienen, eine Welle von (Vor-) Freude und Begeisterung in mein Herz geschwappt. Als ich dann jedoch weitere Einzelheiten hörte, kühlte meine Begeisterung etwas ab: Das Studium war staatlich nicht anerkannt. Sorgen tauchten auf: Wie würde ich das Studium finanzieren? Wie würde es später mit der finanziellen Sicherheit in meinem Beruf aussehen? Und nicht zuletzt: Wer war ich denn nach einem solchen Studium überhaupt?
Um Klarheit zu bekommen, suchte ich die Stille und fragte Gott nach dem Weg. Er sagte weder ja noch nein – er schien mir lediglich eine Frage zu stellen: „Karsten, wo willst du deine Schätze sammeln?“
Ich wusste, es gab grundsätzlich nur zwei Möglichkeiten: auf der Erde oder im Himmel – bei mir oder bei Gott (vgl. Mt 6,19f.).
Ich hatte mich zu diesem Zeitpunkt noch nicht einmal ansatzweise mit Berufung, „Indifferenz“ oder der Frage nach der eigenen Todesstunde beschäftigt, aber genau darum ging es bei dieser Gegenfrage eigentlich. Die Werte der Ewigkeit kamen hinzu, meine Perspektive weitete sich, und Klarheit kam: Ich

wollte, dass das, was ich in meinem Leben tat, einen Unterschied machen würde in der Ewigkeit – ich wollte meine Schätze „im Himmel" sammeln.
Mit dieser Entscheidung kam ein tiefer Friede und Freiheit, dieses Studium anzutreten.

Was entsteht, wenn wir Informationen zu den einzelnen Berufungshinweisen sammeln, uns dann in die eigene Todesstunde hineinversetzen und die Trostregel auf die gesammelten „Puzzlesteine" anwenden?
Wir kommen in Berührung mit einer Vision!

Visionen sind wie Pflanzen

Visionen sind wie Pflanzen. Sie sind nicht auf einmal da, sondern sie wachsen heran. Wie jede andere Pflanze auch, brauchen sie dazu Zeit und vor allem Nahrung. Die einzige geistliche Nahrung erhalten wir vom Heiligen Geist, aber die Kanäle, die Er benutzt, um uns zu inspirieren, können ganz unterschiedlich sein: Dies kann geschehen, während Sie Ihre Vision malen, sie in Ihrem Tagebuch beschreiben oder sich mit Gott oder Freunden darüber unterhalten. Es dient dem Heranwachsen der Vision, wenn wir uns mit Menschen austauschen (oder Bücher über sie lesen), die Ähnliches auf dem Herzen haben. Und wir können nach ersten Schritten suchen, um in das „gelobte Land" hineinzuschnuppern.
Wie jede andere Pflanze auch, verändern sich Visionen beim Heranwachsen: sie werden größer, manche Teile sterben vielleicht auch ab – aber es bleibt immer die gleiche Pflanze.
Auf Berufungsseminaren lade ich die Teilnehmer normalerweise ein, ihre Vision zu malen. Und immer, wenn ich sie nach einigen Jahren gefragt habe, wie sich ihr Bild verändert hat, habe ich die gleiche Antwort erhalten: es war nicht mehr genau dasselbe Bild, aber es war auch kein völlig anderes – wie eine Pflanze, die weiter gewachsen war …
Wenn wir mit dem, was wir im Moment an Orientierung haben, losgehen, wird sich auf dem Weg auch herausstellen, was Vision und was Illusion ist.

Diese Unterscheidung lässt sich – trotz aller Orientierungshilfen – nicht immer auf Anhieb treffen. Häufig wird eine Herzenspflanze zum Teil von Gott gespeist und erwächst zum anderen Teil aus dem alten Menschen. Lebensträume sind selten zu hundert Prozent einer einzigen Quelle zuzuordnen.
Wir stehen hier vor einem ähnlichen Problem wie der Bauer, von dem in Matthäus 13,24-30 die Rede ist: Ein Feind hatte (ein dem Korn äußerlich sehr ähnliches) Unkraut zwischen den guten Samen gesät, so dass beides miteinander vermischt war. Die biblische Lösung des Problems besteht weder darin, alles auszureißen, noch darin, alles eines Tages zu ernten; der Bauer soll zunächst beides bis zur Ernte wachsen lassen. Die Ernte ist der Zeitpunkt, an dem man die unterschiedlichen Pflanzen anhand ihrer Frucht erkennen kann.
Manche Menschen neigen bei Unterscheidungsschwierigkeiten dazu, alles, was in ihrem Herzen wächst, sofort als fleischlich auszureißen, während andere alles ernten.
Aber dieses Gleichnis ermutigt uns, unter Umständen zu warten, bis sich zeigt, welcher Natur die Früchte der Herzenspflanzen sind: geistlich oder fleischlich. Dann aber gilt es zu trennen.

4. Ausblick

Wir sind jetzt fast am Ende dieses Buches.
„Wie soll ich nur all diese Impulse umsetzen? Wie kann ich diesen inneren Weg gehen, zu dem ich durch diese Lektüre herausgefordert wurde?"
Das mögen Fragen sein, die sich jetzt so mancher Leser stellen mag.
Die Antwort lautet: Sie haben dafür ein ganzes Leben lang Zeit – und Sie sind nicht allein!

Es gab auf unserem bisherigen Lebensweg verschiedene wichtige Menschen, ohne die wir nicht dort angelangt wären, wo wir heute stehen. Das Gleiche gilt für unseren zukünftigen Weg: Wir werden ihn nicht ohne die Unterstützung anderer Menschen gehen können. Und wir müssen das normalerweise auch gar nicht. Denn Gott möchte uns – ähnlich, wie dem bettelnden Königssohn – immer wieder königliche Diener zur Seite stellen.

Die königlichen Diener

Wir finden im Epheserbrief unterschiedliche Arten von königlichen Diensten: Apostel, Propheten, Evangelisten, Hirten und Lehrer. Diese Dienste haben alle das gleiche Ziel: die *„Zurüstung der Heiligen für das Werk des Dienstes"* (Eph 4,12).
Überall dort, wo jemand die Entfaltung unserer Berufung unterstützt, spricht man auch von Mentorenschaft. Dies kann zum Beispiel geschehen durch geistliche Eltern, durch Freunde, Seelsorger oder Berater.

Wenn wir uns den Werdegang von Paulus anschauen, bemerken wir, dass an entscheidenden Wegabschnitten immer wieder ein Mann auftauchte: Barnabas!

Er war derjenige, der den frisch bekehrten Paulus zunächst in die Gemeinde in Jerusalem brachte (vgl. Apg 9,27); und er war es, der etwa fünfzehn Jahre später Paulus aus Tarsus zurückholte, um ihn zunächst in seinen eigenen Dienst hineinzunehmen (vgl. Apg 11,23-26). Unter seiner Leitung wuchs Paulus in eine Dienstvollmacht hinein, bis er Barnabas schließlich überflügelte. Barnabas war ein Schlüssel zur Freisetzung seiner Berufung – er war ein Mentor!
Grundsätzlich scheint die Aufgabe eines Mentors umso leichter und fruchtbarer zu sein, je ähnlicher seine Berufung der seines Schützlings ist. Clinton schreibt in Bezug auf Leiter:

„In frühen Dienstphasen fühlen sich werdende Leiter [Berufene] oft zu anderen hingezogen, die ihnen als Mentoren, Meister oder Aufsichtsperson [englisch: ‚supervisors'] dienen und die den angehenden Leiter [Berufenen] auffordern, gewisse Aufgaben jedweder Größe oder Art zu übernehmen" (Clinton S. 82).

Natürlicherweise fühlen auch wir uns zu denen hingezogen, die bereits etwas von dem leben und verwirklichen, was wir als unsere Berufung erahnen oder erkannt haben. Sie können uns als Vorbilder dienen oder uns auf bestimmten Wegstrecken mitnehmen: hinein in ihr Leben, ihr Beten und Arbeiten. Gerade dieser Punkt markiert aber auch die besondere Herausforderung: Es geht nicht darum, jemanden zu kopieren, sondern darum, mit Hilfe eines anderen den *eigenen* Weg und den persönlichen Stil zu entdecken und zu entwickeln.
Mentoren fördern also das Wachstum von „Berufungsbäumen". Dies beinhaltet zum einen geistige Nahrung: die Konfrontation mit den königlichen Wahrheiten – Ermutigung und Ermahnung. Zum anderen schließt es Herausforderungen ein: Trainingsfelder und Dienstmöglichkeiten, an denen der Berufene reifen und sein Erbe entfalten kann.
Dieser wichtige Mentorendienst geschieht nicht selten sehr unauffällig. Denn diese königlichen Diener bleiben normalerweise im Hintergrund. Sie fürchten sich nicht davor, im Schatten eines anderen zu stehen, im Gegenteil: Ihr Erfolg besteht im Erfolg des Schützlings.

Vor diesem Hintergrund wird „deutlich, daß die Frage nach dem eigenen Ruf Gottes nicht eine Frage ist, die sich allein im stillen privaten Herzenskämmerlein abspielt. Vielmehr hat sie ihren Ort in der Kirche als Gemeinschaft von Berufenen, die sich gegenseitig helfen, den eigenen Ruf zu entdecken“ (Greshake S. 123).

Was wäre aus dem großen und einflussreichen Apostel Paulus geworden, wenn es den Dienst von Barnabas nicht gegeben hätte? Wir wissen es nicht. Aber wir merken, dass es auf der Suche nach unserer Berufung nicht nur darum gehen kann, uns nach den Aufgaben auszustrecken, die *vor* uns liegen; wir brauchen genauso Gemeinschaft mit Menschen, die *hinter* uns stehen:

„Ganz offen gesagt: Wir brauchen die Hilfe anderer Menschen (...) Wir [sind] dazu berufen (...), nahe beieinander zu bleiben, so wie zwei Piloten in einem Luftkrieg, die zum gegenseitigen Schutz nebeneinander herfliegen. Ich habe den Auftrag, dich zu beschützen, du hast den Auftrag, mich zu beschützen“ (MacDonald S. 244).

Überlegen Sie mal: Wer steht bereits hinter Ihnen? Und wer könnte Ihnen zur Seite stehen, um Ihnen zuzuhören, hilfreiche Fragen zu stellen, sortieren zu helfen, Gott mit Ihnen zu suchen, Seine Erfahrung und Seinen Blick einzubringen, gute Ziele mit Ihnen zu stecken, Sie zu ermutigen und Ihnen Feedback zu geben?

Erinnern Sie sich? Berufung ist wie ein Baum! Mit diesen abschließenden Fragen sind wir schließlich dort wieder angelangt, wo wir ursprünglich angefangen haben: bei der Bedeutung der Wurzeln.

Ich bete, dass Gott Ihnen auf dem Weg in Ihr königliches Erbe königliche Diener zur Seite stellt. Und dass Sie Ihrerseits zulassen, dass Gott Sie zu einem königlichen Diener für den Weg anderer macht!

Literaturverzeichnis

(nur die im Text zitierte Literatur)

AUGUSTINUS, Aurelius: Unteilbar ist die Liebe: Predigten des heiligen Augustinus über den ersten Johannesbrief. / Eingeleitet und übersetzt von Hermenegild M. Biedermann. Würzburg 1986 (Augustinus-heute; Bd. 5) – lateinisches Original: In epistulam Johannis ad Parthos tractatus decem (Patrologia latina 35,2033).

CASPER, Bernhard: Was gibt unserem Leben den Sinn? Anspruch und Antwort. In: Greshake, Gisbert (Hrsg.): Ruf Gottes – Antwort des Menschen: Zur Berufung des Christen in Kirche und Welt. Würzburg: Echter, 1991, 11-26.

CLINTON, J. Robert: Der Werdegang eines Leiters: Lektionen und Stufen in der Entwicklung zur Leiterschaft. Metzingen 1988.

COENEN, Lothar: Art. „Berufung". In: Coenen, Lothar sowie Beyreuther, Eric; Bietenhard, Hans (Hrsg.): Theologisches Begriffslexikon zum Neuen Testament. 1. Sonderausgabe; 9. Aufl. der Gesamtausgabe [Wuppertal:] R. Brockhaus Verlag, 1993, 86-92.

DEUTSCHE BIBELGESELLSCHAFT STUTTGART (Hrsg.): Die Bibel: Nach der Übersetzung Martin Luthers. Stuttgart: Selbstverlag, 1985.

Die Heilige Schrift: Aus dem Grundtext übersetzt: Revidierte Elberfelder Bibel. 2. Aufl. Wuppertal: R. Brockhaus Verlag, 1986.

Die Heilige Schrift: Aus dem Grundtext übersetzt: Elberfelder Bibel revidierte Fassung. 7. Aufl. Wuppertal; Zürich: R. Brockhaus Verlag, 1996.

FORTUNE, Don und Katie: Erkenne Gottes Gaben in Dir. Solingen: Verlag Gottfried Bernhard, 1994.

FRANGIPANE, Francis: Geistlicher Kampf auf drei Ebenen. Lüdenscheid: Verlag Gottfried Bernhard, 1990.

GRESHAKE, Gisbert: Wie ist Gottes Ruf erkennbar? In: Greshake, Gisbert (Hrsg.): Ruf Gottes – Antwort des Menschen: Zur Berufung des Christen in Kirche und Welt. Würzburg: Echter, 1991, 97-125.

HAUSMANN, Julie: So nimm denn meine Hände. In: Evangelisch-lutherische Kirche in Bayern (Hrsg.): Evangelisches Gesangbuch: Ausgabe für die Evangelisch-Lutherischen Kirchen in Bayern und Thüringen. München: Evangelischer Presseverband für Bayern e.V.

KÖRNER, Reinhard: Weil Gott es so von mir will: Wie finde ich meine Berufung? Leipzig: St. Benno-Verlag, 1987.

LEFRANK, Alex (1984): „Was ich will. Zum Unterschied zwischen echtem und falschem Leiden." In: Korrespondenz zur Spiritualität der Exerzitien" Nr. 49, 34. Jahrgang, S. 22-30.

VON LOYOLA, Ignatius: Geistliche Übungen / Übertragung und Erklärung von Adolf Haas. 10. Aufl. Freiburg im Breisgau: Herder, 1991.

MCCLUNG, Floyd: Entdecke deine Berufung. Frankfurt a. M.: Aquila Verlag GmbH, 1980.

Nouwen, Henri J. M: Freiraum für Gott schaffen. In: *Aufatmen* Nr. 1 (1998): S.4-9

NEE, Watchman: Sitze, wandle, stehe. 11. Aufl. Berneck: Telos, 1980.

NIXON, R. E.: Art. „Das Evangelium nach Matthäus". In: Guthrie, Donald; Motyer, J. Alec (Hrsg.): Kommentar zur Bibel: AT und NT in einem Band. 1. Sonderauflage Wuppertal: R. Brockhaus Verlag, 1992, [C] 1-53.

RENNER, Rick: Halte fest an Gottes Berufung. Solingen: Verlag Gottfried Bernhard, 1993.

SANDFORD, John und Paula: Elia's Auftrag. Solingen: Verlag Gottfried Bernhard, 1992.

SCHALLER, Hans: Wie finde ich meinen Weg: Eine christliche Lebenshilfe. Mainz: Matthias-Grünewald-Verlag, 1986.

SCHWARZ, Christian A.: Der Gabentest. 5. Aufl. Mainz-Kastel: C&P Verlag, 1991.

STEIN, Edith: Selbstbildnis in Briefen: Erster Teil, 1916-1934. / hrsg. von Gelber, L.; Leuvas, R. Freiburg im Breisgau: Herder, 1976 (Edith Steins Werke; Bd. VIII).

WIMBER, John; Springer, Kevin: Vollmächtige Evangelisation: Zeichen und Wunder heute. Hochheim: Projektion J Verlag, 1986.

WOLF, Axel: Berufung: Die Vorladung des Schicksals. In: Psychologie Heute 25 (1998)5, 20-26.

IGNIS stellt sich vor

IGNIS-Akademie
für Christliche Psychologie

Seit der Gründung von IGNIS, 1986, bewegt uns ein zentrales Anliegen:

- Wie können wir die heilende und helfende Gegenwart Gottes in den theoretischen wie praktischen Feldern der Psychologie deutlich machen?
- Wie dort das Evangelium von Jesus Christus leben und vermitteln?

Nach 20 Jahren intensiven Arbeitens sind die Fragen die gleichen geblieben:

- Wie sieht ein biblisches Menschen- und Weltbild aus?
- Wie lassen sich darauf eine Christliche Therapie, Erziehung usw. aufbauen?
- Welche Rolle spielen säkulare Modelle der Psychologie?
- Wie spielen persönliche Fähigkeiten und Kenntnisse und das freie Wirken des Heiligen Geistes zusammen?
- Wie können christliche Gemeinden, Einrichtungen und Familien zu Orten der Hilfe und Heilung werden?
- Und, wie können wir überhaupt als Christ in dieser Welt leben?

Die Antworten dagegen sind differenzierter geworden, aufgrund des internen wie externen Dialogs und vieler praktischer Erfahrungen.

Was wir gelernt haben, geben wir in Schulungen, Seminaren, Ausbildungskursen und Publikationen an Fachleute wie Laienhelfer weiter.

Mit der Gründung der IGNIS-Akademie für Christliche Psychologie (IACP) 1992 wurde das Wirkungsfeld entscheidend erweitert und mehr Raum für wissenschaftliches Arbeiten geschaffen. Seitdem kann in einem vierjährigen Vollzeitstudium Christliche Psychologie studiert werden.

IGNIS arbeitet dabei mit Gruppierungen und Gemeinden aus allen Groß- und Freikirchen zusammen. Unsere Seminarteilnehmer wie die Mitarbeiter haben unterschiedliche konfessionelle Hintergründe und kommen aus allen Berufszweigen, vornehmlich des psychosozialen Arbeitsfeldes.

Leitende Mitarbeiter von IGNIS sind in überregionalen Leitungsgremien verschiedener geistlicher Aufbrüche unseres Landes engagiert. Daneben haben sich zahlreiche internationale Kontakte und Kooperationen entwickelt.

Was gibt es bei IGNIS?

- Das Basisjahr Christliche Psychologie
- Berufsbegleitende Ausbildung zum Christlichen Berater
- Studium der Christlichen Psychologie an der IGNIS-Akademie
- Regionale und überregionale Seelsorgeschulungen
- Erziehungsberatung und Schulungen zur Kinder- und Jugendseelsorge
- Schulung: Familie im Spannungsfeld von Gemeinde und Beruf (1 Jahr)
- Grundkurs für Eheseelsorger
- Elternseminare
- Ambulantes Therapie- und Beratungsangebot
- Vorträge, Supervision, Internationale Arbeit, ...
- Fernkurs: Die Grundlagen Christlicher Psychologie

www.IGNIS.de
info@IGNIS.de

IGNIS Edition
Werner May
Grenzen setzen ist gut
Schritte des Dialogisch-Grenzen-Setzens
Warum mir Grenzen setzen schwer fällt
Die lebendige Grenze
Praktische Anleitungen
Nachwort: Dr. Roland Mahler
Kindern dialogisch Grenzen setzen
Ein Leitfaden für Eltern und Erzieher
IGNIS-AKADEMIE FÜR CHRISTLICHE PSYCHOLOGIE